BIBLIOTHÈQUE DES ÉCOLES ET DES FAMILLES

A. DEBIDOUR

HISTOIRE DE DUGUESCLIN

PARIS
LIBRAIRIE HACHETTE ET Cᵉ
79, BOULEVARD SAINT-GERMAIN, 79

HISTOIRE

DE

DU GUESCLIN

BERTRAND DU GUESCLIN.

BIBLIOTHÈQUE

DES ÉCOLES ET DES FAMILLES

HISTOIRE

DE

DU GUESCLIN

PAR

 A. DEBIDOUR

Professeur à la Faculté des lettres de Nancy,
Lauréat de l'Académie française.

PARIS

LIBRAIRIE HACHETTE et Cⁱᴱ

79, BOULEVARD SAINT-GERMAIN, 79

1880

PARIS. — IMPRIMERIE ÉMILE MARTINET, RUE MIGNON, 2.

AVERTISSEMENT

—

Le petit livre que nous présentons au public n'est point un ouvrage d'érudition. Désirant qu'il soit lu surtout par la jeunesse, nous en avons écarté, autant que possible, les discussions de textes, les longues et minutieuses citations, les amas de dates et de noms propres. Il ne faut présenter aux adolescents que les grandes lignes de l'histoire. C'est le moyen de la leur faire aimer et de leur en rendre l'étude profitable. Devenus hommes, ils s'attacheront au détail et porteront, après examen, des jugements motivés sur les faits, sur les hommes. Mais ils courraient alors le risque de s'égarer et pourraient ne retirer aucun avantage de leurs travaux, s'ils n'avaient acquis de longue date ces notions générales qui sont comme les cadres où ils devront faire entrer les résultats de leurs recherches personnelles. Nous n'avons donc point voulu, en écrivant cette vie de du Guesclin, épuiser la matière. Nul moins que nous n'en était capable. Nous souhaitons que les lecteurs de cet opuscule partagent l'impression patriotique sous laquelle nous l'avons entrepris. Nous nous sommes proposé de glorifier ce soldat loyal de la France qui fut, au XIVe siècle, le libérateur de notre territoire. Mais qu'on ne croie pas que nous ayons un instant sacrifié la vérité historique au désir de le faire aimer ou admirer. On pourra remarquer que nous avons dégagé sa biographie de beaucoup de légendes plus ou moins fabuleuses qui trop longtemps l'ont défigurée. On ne trouvera dans notre récit ni demi-dieu ni héros de roman. On ne verra qu'un homme de cœur, qui n'était certes pas sans défauts, mais qui chérissait son pays et savait le servir. Nous ne pensons pas que du Guesclin en paraisse moins grand. Pour retracer avec exactitude cette vie si curieuse, mais, en somme, si mal connue, nous avons eu recours aux publications récentes qui, sur cette partie de l'histoire, peuvent être regardées comme le dernier mot de la science. Nous ne pouvions prendre un meilleur guide que M. Siméon Luce, dont les admirables découvertes permettent de reconstituer presque jour par jour la jeunesse du célèbre connétable. Nous l'avons suivi pas à pas, et nous déplorons qu'il ne nous ait encore donné qu'un seul volume de cette magistrale *Histoire de du Guesclin*, qui sera un des monuments durables de notre siècle. C'est à l'année 1364 qu'il s'est arrêté, c'est-à-dire au moment même où le capitaine breton devient le principal auxiliaire de Charles V pour l'affranchissement du royaume. Entre cette époque et la fin de 1370, nous avons pu encore rectifier bien des erreurs et mettre en lumière des faits ignorés, grâce aux savantes notes dont le même auteur a enrichi sa magnifique édition de Froissart. Malheureusement, cette publication elle-même n'est pas achevée. Pour les dix dernières années de la vie du connétable, nous avons dû presque toujours nous en tenir aux documents originaux antérieurement publiés. Nous avons principalement mis à profit le poème du trouvère Cuvelier sur du Guesclin, celui de Guillaume de Saint-André sur Jean de Montfort, l'ouvrage de Christine de Pisan sur Charles V, celui de d'Oronville sur le *bon duc Loys de Bourbon*, la *Chronique des quatre premiers Valois*, les *Grandes Chroniques de France*, les anciennes éditions de Froissart, la collection des *Ordonnances* des rois de France et les *Mandements* de Charles V édités par M. L. Delisle. Les histoires générales et quelques monographies récentes, comme le *Jean de Vienne* de M. Terrier de Loray, ne nous ont pas été non plus inutiles. Malgré tous ces secours, nous n'avons pu reproduire avec une certitude entière les dernières phases de l'existence de du Guesclin. On trouvera donc, surtout dans la seconde moitié de notre récit, des lacunes que nous n'avons pas dû même essayer de combler. Sur certains points il nous a fallu remplacer la vérité absolue, que nous ne possédions pas, par de simples conjectures. Nous en avons fait le moins possible, et on nous rendra cette justice que nous n'en avons hasardé qu'après réflexion sérieuse et de bonne foi. Nous ne demandons du reste qu'à revenir sur cette ébauche imparfaite. En attendant que des découvertes nouvelles nous permettent de la corriger en la complétant, nous l'offrons cordialement à la jeunesse française. Puissent du moins les enfants qui la liront n'oublier jamais les grands exemples de patriotisme et d'honneur que, pour leur instruction, nous avons été si heureux de retracer!

A. D.

HISTOIRE

DE

DU GUESCLIN

INTRODUCTION

La guerre de Cent Ans est la plus longue et la plus cruelle épreuve que notre patrie ait jamais eu à subir. A deux reprises, pendant cette lutte laborieuse pour l'indépendance, elle a été près de périr : en 1360, après le traité de Brétigny, qui la démembrait et la livrait, saignante et désarmée, au brigandage des grandes compagnies; en 1420, après le traité de Troyes, qui la vouait tout entière à la domination anglaise. Elle a dû sa délivrance la première fois à du Guesclin, la seconde à Jeanne Darc. Ces deux noms doivent être à jamais associés dans notre histoire. Si rien n'est plus touchant que le souvenir de l'héroïne d'Orléans, lâchement brûlée par l'ennemi qui n'avait pu la vaincre, rien n'est plus glorieux que la mémoire du chevalier breton qui, soixante ans avant elle, s'était, lui aussi, donné la tâche d'affranchir et de venger son pays humilié.

Du Guesclin, précurseur de Jeanne Darc, fut sous Charles V, comme elle devait l'être sous Charles VII, la plus haute personnification de cette France mutilée, mais indomptable, que l'étranger déchira, mais ne put jamais asservir. L'histoire de sa vie, que nous nous proposons de retracer sommairement, est la meilleure leçon de patriotisme que puisse recevoir la jeunesse. Suivre par l'esprit cet infatigable soldat dans ses diverses campagnes, n'est-ce pas apprendre à aimer et servir la France, qu'il a aimée et servie si passionnément? Mais avant de s'engager dans ce récit, et pour mieux apprécier l'importance des services rendus par du Guesclin à notre pays, il est nécessaire de se représenter l'état auquel des évènements funestes et une organisation vicieuse avaient réduit le royaume lorsque ce vaillant chef entra dans la carrière des armes. Il importe de rechercher d'où provenaient les maux dont souffrait notre patrie lorsqu'il essaya de l'en guérir. C'est le péril public qui fait naître les grands courages ou qui du moins les surexcite, et du Guesclin n'eût peut-être été qu'un homme ordinaire, si la France en détresse n'avait eu besoin d'un héros.

La royauté capétienne, resserrée au xe siècle dans les étroites limites d'une province, avait, en trois cents ans, réuni à son domaine la plus grande partie de la France actuelle[1]. Grâce au concours des com-

---

1. Il ne manquait guère à la France de ce temps-là, pour égaler celle de nos jours, que la Lorraine, la Franche-Comté, la Savoie, le Dauphiné (qu'elle acquit en 1349), le Comtat Venaissin, la Provence, le comté de Nice et la Corse; d'autre part, elle comprenait le comté de Flandre, c'est-à-dire une bonne partie de la Belgique actuelle.

munes, elle avait réduit la féodalité à l'obéissance.
La domination britannique, qui s'était étendue quelque temps sur près de la moitié du royaume, était réduite à une faible portion de la Guienne et de la Gascogne et ne paraissait pas devoir longtemps s'y maintenir [1]. C'est alors que l'extinction de la postérité masculine de Philippe le Bel (1328) fournit au roi d'Angleterre Edouard III un prétexte pour réclamer non les territoires enlevés à ses prédécesseurs, mais la France entière, qui était, disait-il, son héritage. Il était, par sa mère Isabelle, petit-fils de Philippe le Bel, dont Philippe de Valois n'était que le neveu. Ce dernier lui fut cependant préféré par les barons français, qui, ne voulant pas d'un souverain étranger, proclamèrent la *loi salique* et exclurent ainsi à tout jamais du trône les femmes et leur descendance.

Edouard ne se résigna pas au triomphe de son rival. Si ses affaires domestiques et une lutte laborieuse contre l'Ecosse l'obligèrent à dissimuler quelque temps ses projets, à peine eut-il les mains libres qu'il se prépara vigoureusement à attaquer Philippe VI. Non content de négocier dans toute l'Europe et de s'assurer des alliés en Allemagne, il décréta dans ses États le service obligatoire et la levée en masse, fit apprendre le français à ses soldats, proscrivit tout autre jeu que celui de l'arc, exerça enfin et disciplina ces bandes redoutables d'archers et de *coutiliers* dont le tir et les mouvements rapides devaient lui valoir tant de succès.

1. Grâce à Guillaume le Conquérant et à Henri Plantagenet, qui étaient devenus rois d'Angleterre, le premier en 1066, le second en 1154, les Anglais avaient eu en leur possession la Normandie, le Maine, l'Anjou, la Touraine et tout l'ancien duché d'Aquitaine, qui s'étendait des Pyrénées presque jusqu'à la Loire.

Philippe de Valois ne sut malheureusement pas au
début (et ce fut la cause principale de ses revers)
opposer à son adversaire une armée vraiment nationale et surexciter dans son peuple le sentiment militaire. Depuis longtemps les rois de France avaient
converti le *ban* et *l'arrière-ban*, c'est-à-dire la levée
en masse, en impôts dont le payement dispensait
leurs sujets de concourir à la défense du pays.
Avaient-ils besoin d'une armée, ils enrôlaient à prix
d'argent de lourdes compagnies de cavalerie féodale
composées en majeure partie de gentilshommes pillards, indisciplinés, qui faisaient aux paysans autant
de mal que l'ennemi et n'étaient guère capables de
gagner des batailles. Les *hommes d'armes*, couverts
de fer de la tête aux pieds, montés sur des chevaux
qu'alourdissaient également des enveloppes du même
métal, n'employant guère que la lance, l'épée et la
hache, c'est-à-dire n'atteignant l'adversaire que de
près, ne pouvaient combattre avec quelque avantage
qu'en plaine et sur un terrain sec. Si le sol était
montueux ou détrempé, leurs montures ne se mou-
vaient qu'à grand peine. S'ils tombaient de cheval,
il leur était quelquefois fort difficile d'y remonter.
Il est vrai que les rois de France prenaient aussi à
leur service des bandes nombreuses d'archers et
d'arbalétriers, plus propres aux évolutions rapides
que les lourds escadrons de la noblesse. Mais ils les
achetaient d'ordinaire à des puissances étrangères
(comme la république de Gênes) ou à des capitaines
d'aventures, espèces de chefs de brigands dont ils
ne pouvaient qu'à très haut prix s'assurer le concours. Ces troupes comptaient beaucoup de gens
sans aveu et n'étaient que trop habituées à toutes les
licences de la guerre. On ne pouvait attendre d'elles

ni obéissance exacte, ni dévouement durable, ni patriotisme sincère. Quant aux milices communales, que le souverain appelait quelquefois, par surcroît, à son aide, c'étaient presque toujours des cohues sans discipline, sans cohésion, sans esprit militaire. Il faut ajouter que leur bon vouloir, comme celui de l'infanterie mercenaire, était trop souvent paralysé par la fougue désordonnée de la cavalerie féodale, qui voulait toujours combattre au premier rang et, au besoin, passait sur le corps des archers en présence de l'ennemi. On le vit bien à Crécy.

L'art des sièges était encore dans l'enfance en notre pays. On *échellait* (ou escaladait) par surprise, si on pouvait, les tours épaisses et les hautes murailles des châteaux et des villes fortes. D'autres fois on les minait ou on les sapait lentement au moyen d'énormes machines assez semblables aux catapultes et aux béliers de l'antiquité. Ces engins constituaient l'artillerie du temps (la poudre à canon ne devait être employée généralement et avec succès que vers le milieu de la guerre de Cent Ans); mais le plus habituellement on se contentait de faire le blocus des places et on essayait de les prendre par la famine. Il est juste de dire que, sous le rapport de l'attaque aussi bien que de la défense des forteresses, les Anglais n'étaient, au début de la lutte, ni mieux outillés ni plus habiles que les Français.

L'infériorité militaire de Philippe VI à l'égard d'Édouard III ne provenait pas seulement de la composition défectueuse de ses armées. Nous nous l'expliquons aussi par l'imprévoyance, par la légèreté toute féodale avec laquelle ce roi chevalier, qui ne savait se battre qu'en soldat, se jeta dans des opérations de guerre où son adversaire portait la sagacité et l'esprit de combinaison d'un vrai général.

Lorsque son ennemi vint pour la première fois (1339) l'attaquer en Thiérache et en Picardie, le roi de France, qui aurait dû s'attendre à cette agression, lui donna le temps de ravager à loisir ces provinces. Puis, quand il l'atteignit, au lieu de l'assaillir sans retard, il voulut régler les conditions du combat suivant toutes les lois de la chevalerie. Édouard, qui ne faisait pas la guerre en paladin, l'amusa et décampa. L'année suivante, Philippe VI fit un armement formidable. Il ne réussit sur mer qu'à faire détruire sa flotte dans le port de l'Écluse; sur terre il fut un peu plus heureux. Mais son succès se borna à empêcher l'ennemi de prendre Saint-Omer et Tournay. Il ne s'en montra pas moins très fier, surtout quand le roi d'Angleterre, qui ne pouvait entamer la France par le nord, eut signé la trêve de la Chapelle d'Espléchin (25 septembre 1340). Il crut à ce coup la guerre terminée.

Elle ne fit malheureusement que se déplacer. Dès 1341 l'affaire de la succession de Bretagne permit à Édouard de renouveler son attaque. Deux prétendants se disputaient ce grand fief. Le dernier duc, Jean III, avait eu plusieurs frères. Le plus âgé était mort avant lui, laissant une fille, Jeanne de Penthièvre, qui, au nom du droit de représentation, réclamait l'héritage. Le plus jeune, Jean de Montfort, survivait et combattait à outrance les prétentions de sa nièce. Jeanne ayant épousé Charles de Blois, parent de Philippe VI, ce dernier se déclara naturellement pour elle et lui fit adjuger le duché par son Parlement. Jean de Montfort se jeta aussitôt dans l'alliance anglaise. Le roi de France et son compétiteur se retrouvèrent en présence dans la péninsule

VOICI LE SECOURS QUE J'AI TANT DÉSIRÉ.

armoricaine qui, en peu de mois, fut inondée de sang et jonchée de ruines. En Bretagne on prit ardemment parti pour l'un ou pour l'autre. Nul ne resta indifférent. Les Bretons *bretonnants* de Ploërmel, de Quimper, de Brest, se rangèrent autour du comte de Montfort, qui, combattant Philippe VI, semblait lutter pour l'indépendance de son pays. La Bretagne *gallot*, c'est-à-dire le nord et l'est du duché (Dinan, Saint-Malo, Rennes, Nantes), où prédominait depuis longtemps l'influence française, se prononça pour Charles de Blois. Des deux parts il y eut même enthousiasme, même dévouement et aussi même cruauté. On décapita des prisonniers et on lança leurs têtes dans les villes assiégées. On croyait du reste, en égorgeant les vaincus, remplir un devoir. Le mari de Jeanne de Penthièvre, personnage pieux et dont on voulut faire un saint après sa mort, laissait fort bien ses soldats massacrer, sans distinction de sexe ni d'âge, la population des villes qu'il prenait. Plein de confiance dans son droit, chacun des deux partis était au-dessus du découragement. Montfort ayant été pris à Nantes, sa femme, Jeanne de Flandre, continua résolument la lutte pour lui. En 1342, assiégée dans le château d'Hennebont, elle soutenait seule le courage de ses partisans et ne voulait pas entendre parler de se rendre. Réduite aux extrémités, elle s'obstinait à résister et regardait toujours vers la mer. Tout à coup elle s'écria : « Voici le secours que j'ai tant désiré ! » C'était en effet Gautier de Masny qui, avec une flotte anglaise, lui amenait le salut. Édouard III ne se borna pas, du reste, à l'envoi de ce renfort. Après Masny, il fit partir pour la Bretagne Robert d'Artois, qui y trouva la mort; vers la fin de 1342 il s'y rendit lui-même et entreprit à la fois plusieurs sièges, notamment ceux de Rennes et de Nantes. Piqué au vif, le roi de France fit marcher contre lui son fils aîné, le duc de Normandie. Une bataille décisive allait s'engager lorsque, à la demande des légats du pape, les deux prétendants au duché et leurs protecteurs conclurent la trêve de Malestroit (19 janv. 1343).

Cette suspension d'armes devait durer trois ans et demi. Elle ne dura pas plus de six mois. En juin 1343 Philippe VI, qui ne savait se contraindre en rien, fit exécuter à Paris un grand seigneur breton du parti de Montfort, Olivier de Clisson, qui s'y était rendu sur la foi du traité. Six autres gentilshommes de la même nation et du même camp subirent un sort semblable en novembre. Il n'en fallait pas plus pour rallumer la guerre. De nouveau la Bretagne prit feu. La veuve de Clisson fit égorger toute une garnison française qu'elle avait surprise. Des deux côtés on se remit à tuer et à piller. Des bandes se formèrent qui, sous couleur de servir Blois ou Montfort, firent la guerre pour leur propre compte et rançonnèrent indistinctement amis et ennemis. C'est le temps où le Hollandais Croquart, les Anglais Robert Knolles et Hugh de Calverly, et tant d'autres aventuriers sans foi ni loi vinrent s'engraisser du sang de la Bretagne. Charles de Blois avait pour lui quelques-uns de ces brigands, mais son adversaire en avait bien davantage. Aussi ce dernier gagna-t-il rapidement du terrain à partir de 1344. Il mourut, il est vrai, en 1345, peu après s'être évadé de sa prison du Louvre. Mais il laissait un fils dont Édouard III se hâta de se déclarer tuteur. Un gouverneur anglais, Thomas de Dagworth, vint continuer la lutte en Bretagne au nom de cet enfant, et dès 1346, dans les landes de Cadoret, ce capitaine habile préluda par un combat heureux aux succès décisifs qu'il devait remporter l'année suivante.

Dans le même temps le roi d'Angleterre, non content de ces avantages, frappait la France au cœur par d'heureuses attaques contre la Guienne et la Normandie. En 1345 son lieutenant Lancastre, vainqueur à Auberoche, conquérait un grand nombre de places entre la Garonne et la Charente. L'année suivante, lui-même, guidé par le traître Geoffroy d'Harcourt, descendait dans le Cotentin et arrivait à Caen presque sans obstacle. La grasse Normandie, qui depuis plus d'un siècle n'avait pas vu de camps ennemis, fut méthodiquement mise à sac. De Caen, que la bravoure des milices communales ne put préserver du pillage, l'armée anglaise, qui voulait gagner la Picardie et le Ponthieu, parvint jusqu'à la Seine. Tous les ponts avaient été coupés et, ne pouvant passer le fleuve, Édouard III dut le remonter jusqu'à Paris. La niaiserie de Philippe VI, qui le laissa construire un pont à Poissy, le sauva. Vainement ensuite le roi de France poursuivit son adversaire. Il ne put l'atteindre qu'à Crécy. L'Anglais, fortement retranché sur une colline, attendait l'armée française, qui, sans avoir reconnu la position, vint l'assaillir après une longue marche et dans un désordre inouï. La cavalerie féodale de Philippe et la tourbe indisciplinée de fantassins qu'elle traînait avec elle se livrèrent d'elles-mêmes à la boucherie. La supériorité du nombre, dans laquelle le roi de France avait eu tant de confiance, ne servit qu'à rendre ce désastre plus retentissant (26 août 1346). Quelques jours après, le vainqueur mettait le siège devant Calais. Le vaincu de Crécy ne sut même pas réparer sa défaite en sauvant cette héroïque petite ville, qui, après onze mois de

SIX DES NOTABLES LA CORDE AU COU.

résistance, dut envoyer six de ses défenseurs, la corde au cou, implorer la clémence d'Édouard III.

Pendant que la fleur de la noblesse française périssait en Picardie et que les Calaisiens, chassés de leurs maisons, allaient mendier leur pain, le sang continuait de couler en Bretagne. Charles de Blois tombait frappé de dix-sept blessures sur le champ de bataille de la Roche-Derrien (1347). Prisonnier des Anglais, qui le gardèrent à Londres près de dix ans, il semblait avoir perdu toute chance de faire triompher sa cause. Philippe VI, ruiné, découragé, sans argent, sans soldats, n'était guère en état de relever le parti de Jeanne de Penthièvre. La France tout entière était en deuil. Après l'invasion, la peste noire s'était abattue sur ce malheureux royaume. La contagion, venue d'Orient et d'Italie, visitait toutes les villes, enlevant ici le quart de la population, là le tiers, ailleurs davantage. En beaucoup d'endroits, par l'effet de tant de calamités, le peuple devenait fou. D'effroyables massacres avaient lieu sans raison. Des bandes de pénitents, parcourant le pays, se flagellaient cruellement dans les rues et par les chemins. Qui donc, au milieu de cet affolement, eût songé à la Bretagne?

Mais, privés de leur chef et dénués pour un temps de toute protection, les Bretons du parti de Blois ne s'abandonnèrent point eux-mêmes. Loin de les amollir, le malheur les endurcissait. C'est au milieu de ces rudes épreuves que le plus vaillant de tous, Bertrand du Guesclin, avait senti s'élever son courage et s'affermir sa volonté. C'est au milieu d'épreuves plus pénibles encore que nous verrons ce grand Français du XIVe siècle donner toute la mesure de son patriotisme et de ses talents.

CHAPITRE PREMIER

Jeunesse de du Guesclin. — Ses premières campagnes. — Guerre de partisans en Bretagne. — Exploits pendant le siège de Rennes. — Du Guesclin capitaine de Pontorson. — Sa belle conduite au siège de Melun. — Mission qu'il reçoit après le traité de Brétigny.

(1320-1360)

La famille de du Guesclin (du Glayquin ou du Gloaquin, suivant certains auteurs) prétendait descendre d'un sarrazin nommé Aquin, roi de Bougie, qui au temps de Charlemagne serait venu s'établir en Armorique. Le connétable Bertrand parlait quelquefois d'aller en Afrique revendiquer son héritage ; mais c'était pure plaisanterie, et il se préoccupait sans doute assez peu de cette origine fabuleuse. En fait sa maison était comptée, au commencement du XIVᵉ siècle, parmi les plus anciennes et les plus nobles de la Bretagne française ou *gallot*. Mais elle était loin d'être des plus riches. Robert du Guesclin, son père, ne possédait guère que la maigre seigneurie de la Motte-Broons, un peu au sud-ouest de Dinan, sur la route de Rennes à Saint-Brieuc. C'étaient quelques arpents de bois et de fougères, avec un de ces manoirs rustiques tenant plus de la ferme que du château fort et où, dans de grandes salles nues, ouvertes au vent, maîtres et valets mangeaient chichement à la même table. L'aisance devait d'autant moins régner dans cette triste résidence, que Robert du Guesclin et Jeanne Malemains sa femme n'eurent pas moins de dix enfants, quatre garçons et six filles.

Bertrand, l'aîné de tous, naquit vers 1320. Cet enfant qu'attendaient de si hautes destinées fut longtemps le désespoir de ses parents, qui reprochaient au ciel de leur avoir donné un tel fils et souhaitaient parfois, dit un chroniqueur, « qu'il se noyât en eau courante ». Il est certain que durant les premières années il ne semblait pas devoir leur faire beaucoup d'honneur. Jeanne Malemains, qui était fort belle, ne cessait de se lamenter d'avoir donné le jour à un enfant dont la laideur était proverbiale. Il était noir, camus, épais, carré, sans grâce. Rien du reste, dans son caractère ni dans ses façons, ne paraissait racheter ces défauts physiques. Bertrand était entêté, violent, impérieux, et n'avait d'égards ni pour ses frères ni pour ses parents. Sa mère, pour le punir de quelque insolence, l'avait condamné à manger seul dans un coin, loin de la table commune. Un jour qu'elle découpait un chapon rôti et que, sans doute pour le mortifier, elle servait ses frères avant lui, il s'élança plein de rage vers ces derniers, les somma de lui rendre son rang et, les terrifiant par son audace, s'empara violemment de la place d'honneur. Là il se mit à manger si gloutonnement et d'une façon si malpropre, que Jeanne Malemains lui enjoignit de se retirer. Il obéit, mais en se levant il donna un tel choc à la table, que tout ce qu'elle supportait en fut renversé. Sa mère était en train de vouer à la mort ce *charretier* qui la déshonorait, disait-elle, lorsque entra une religieuse qui se mêlait de chiromancie. Bertrand l'accueillit d'abord par des injures et des menaces. Mais il finit par lui laisser prendre sa main, et la devineresse, l'ayant bien examinée, dit à la dame de la Motte-Broons : « Cet enfant, que vous maudissez et malmenez, sera le plus brave et le plus honoré de sa race et du royaume ; j'en réponds sur mon corps et veux être brûlée si je mens. Il n'aura pas son pareil sous le ciel. » Ces paroles radoucirent si bien l'humeur de Jeanne Malemains, qu'à partir de ce jour elle témoigna de l'affection à son fils aîné, lui fit reprendre sa place à table et par des caresses rendit un peu plus traitable ce caractère que la sévérité n'avait pu vaincre.

On se tromperait cependant si l'on croyait qu'à dater de cette époque Bertrand devint un modèle de docilité. Bien qu'il y eût des écoles en Bretagne, on ne put jamais le décider à apprendre à lire ni à écrire. Étudier, d'après lui, c'était bon pour les clercs, les prêtres et les moines. Un gentilhomme était assez instruit quand il savait se battre, ne fût-ce qu'à coups de poing. Sous ce rapport, du Guesclin commença de bonne heure son éducation et la poussa fort loin. Il passait ses journées à provoquer et à combattre les petits paysans du voisinage ; souvent il les réunissait au nombre de cinquante ou soixante, les partageait en deux bandes et, à la tête de l'une d'elles, livrait à l'autre une vraie bataille rangée. Dès qu'il voyait l'ennemi faiblir, il passait de son côté et rétablissait la lutte. Quand tout le monde était las, il menait vainqueurs et vaincus au cabaret, buvait plus que pas un et payait pour tous, car il avait l'âme grande et ne savait pas garder son argent. Le soir il rentrait au logis contusionné, couvert de sang, les vêtements en lambeaux. Vainement ses parents essayaient de le détourner de ces jeux grossiers et dangereux. Son père en vint à menacer d'une amende

tous ceux de ses vassaux qui laisseraient leurs enfants
suivre son fils aîné. Les batailles rustiques ne s'en
renouvelèrent pas moins. C'est au milieu de ces exercices que Bertrand atteignit sa seizième année.

Pour l'empêcher de courir, on l'enferma. C'était
s'y prendre un peu tard. Cette punition lui fut infligée
quatre fois. A la dernière, il attendit la chambrière
qui devait le servir, lui arracha la clef de sa prison
et, l'ayant enfermée elle-même, s'enfuit dans la campagne. Il trouva dans un champ un valet de son père
qui labourait avec deux chevaux ; il lui en prit un,
sans façon, sauta dessus et courut jusqu'à Rennes. Il
avait dans cette ville un oncle et une tante qui naturellement l'accueillirent assez mal. Il ne s'installa
pas moins dans leur maison et il y demeura plusieurs mois. Ce qui l'y retint, ce fut sans doute la
facilité de s'exercer au métier des armes, la seule profession qui lui convînt. Sa tante le menait à l'église.
Mais, sans manquer de religion, du Guesclin n'était
rien moins que dévot. Un dimanche il s'esquiva de
la messe et, pendant que la bonne dame priait, il
courut prendre part, sur la grande place de Rennes,
à une lutte solennelle qui avait attiré beaucoup de
curieux. Grâce à ses poings carrés et à sa force peu
commune, il terrassa les athlètes les plus renommés
et rentra triomphant chez son oncle. Il s'était, en
tombant, grièvement blessé au genou. Sa tante lui fit
promettre de ne plus se donner ainsi en spectacle
avec des vilains. Bertrand ne demandait pas mieux,
du reste, que de se mesurer avec des gentilshommes.

L'occasion qu'il désirait ne se fit pas longtemps
attendre. Rentré chez ses parents, qui l'avaient reçu
en grâce, il apprend un jour qu'un brillant tournoi

JEUNESSE DE DU GUESCLIN.

doit avoir lieu prochainement à Rennes. Toute la
noblesse bretonne s'y est donné rendez-vous. Il y
viendra aussi des grands seigneurs de toutes les parties du royaume. Heureux ceux qui, devant une si bril-
lante assistance, remporteront le prix de l'adresse et
de la valeur! Bertrand n'hésite pas. Il enfourche un
cheval de labour et se rend à Rennes. Mais sa monture est si lourde, son équipement si grossier, sa
tournure si commune et si disgracieuse, que tout le
monde se moque de lui. Le pauvre écuyer déplore sa
laideur et son dénuement, désespère d'être admis à
prendre part au tournoi et de pouvoir conquérir les
suffrages des dames. Il envie le sort des riches seigneurs, superbement armés et montés, qui peuvent
se présenter sans honte et sans ridicule dans l'arène.
Tout à coup le hasard lui fait rencontrer un de ses
cousins qui se retire de la joute. Ce jeune gentilhomme, qui possède un cheval et une armure de
prix, veut bien s'en dessaisir pour un instant en faveur de Bertrand, qui, tout bardé de fer et la visière
baissée, entre fièrement en lice et provoque un
jouteur jusqu'à ce moment invincible. Du premier
coup de lance il fait sauter le heaume de son adversaire, ce qui est le comble de l'adresse, et le force à
s'avouer vaincu. On lui demande son nom. Il répond
qu'il ne le dira que lorsqu'on aura pu lui relever à
lui-même la visière. D'autres combattants se présen-
tent; il en triomphe encore. Piqué au jeu, le père de
Bertrand, qui assiste au tournoi, vient à son tour se
mesurer avec ce terrible inconnu. Le jeune homme
s'élance, mais au moment de frapper il reconnaît
les armoiries de Robert du Guesclin, abaisse courtoisement sa lance et s'éloigne sans mot dire. On croit
qu'il a peur. De nouveaux adversaires le provoquent.

Il retrouve aussitôt toute son assurance et fait rouler
à terre quiconque a osé le défier. Il remporte ainsi

DU PREMIER COUP DE LANCE IL FAIT SAUTER LE HEAUME.

quinze victoires de suite devant une assemblée émer-
veillée ; et c'est seulement à la seizième course qu'il

trouve son maître. On peut alors voir à découvert son
visage, dont personne ne s'avise de faire remarquer
la laideur. Le sire de la Motte-Broons, plein d'orgueil et de joie, vient embrasser son fils et, recon-
naisant en lui l'honneur de sa race, s'engage à le
traiter désormais en gentilhomme et à lui fournir de
nouvelles occasions de se distinguer.

Robert du Guesclin tint sans doute parole et ne
négligea rien pour faire de son fils aîné un écuyer
accompli. Bertrand, célèbre dans toute la Bretagne
depuis le tournoi de Rennes, fut recherché dès lors
dans les fêtes chevaleresques. Il est à croire qu'il y
remporta de nouveaux succès. Mais le moment vint
bientôt où, sans renoncer à ces divertissements, il put
donner dans de vrais combats la mesure de sa force
et de son courage. Lorsque éclata la guerre de la succession (1341), il avait plus de vingt ans, et il lui tardait de faire l'épreuve des talents militaires dont la
nature l'avait amplement pourvu. Entre Jean de Montfort et Charles de Blois son choix ne pouvait être
douteux. Les Guesclin, comme les Rohan, les Laval,
les Beaumanoir, se déclarèrent tous pour le mari de
Jeanne de Penthièvre. Bertrand commença donc dès
cette époque à servir la France, pour laquelle il devait
combattre jusqu'à son dernier soupir.

On ne peut guère déterminer avec précision la part
qu'il prit à la guerre de Bretagne pendant les premières années. Malgré sa bravoure, il était encore
trop jeune et tenait un rang trop secondaire pour que
les hérauts d'armes et les chroniqueurs tinssent
grand compte de sa présence dans les armées. Il ne
portait pas encore le titre de *chevalier*, que les gentilshommes n'obtenaient à cette époque qu'après de
longs services et de nombreuses actions d'éclat. Il

n'était qu'*écuyer*, et, comme il était fort pauvre, il dut sans doute, au début, servir comme simple homme d'armes dans une compagnie commandée par quelque seigneur plus puissant. Nous savons qu'il était parmi les défenseurs de Rennes vers la fin de 1342, quand cette ville fut assiégée par ordre d'Édouard III. Nous le perdons ensuite de vue pendant huit ans. Nous le retrouvons en 1350, homme fait, rompu à toutes les fatigues et à toutes les ruses de la guerre, violent, gai, bruyant comme par le passé, moins endurant que jamais, dur à l'ennemi, n'épargnant pour ses amis ni son sang ni sa bourse, humain et secourable aux pauvres gens, dévoué corps et âme au parti de Blois et à la France. A ce moment, sa valeur, son désir de commander et ses aptitudes spéciales pour la guerre de partisans l'ont fait sortir des rangs où naguère il n'avait qu'à obéir. Il est maintenant chef de bande; il tient campagne au milieu des forêts et des landes de Bretagne. Les chemins, les cours d'eau, les défilés, les rochers, les villages, les forteresses, tout lui est depuis longtemps bien connu dans la partie du duché qui est devenue le théâtre de ses opérations. C'est entre Dinan, Rennes et Ploërmel, généralement dans les cantons boisés de Paimpont et de Teillais, qu'il manœuvre avec ses hardis compagnons. Il bat le pays nuit et jour. Il harcèle sans cesse l'ennemi, profite de ses moindres fautes ; et comme il faut, après tout, que la guerre le nourrisse, c'est pour son compte aussi bien que pour celui de son prince qu'il conçoit et exécute ses audacieux coups de main.

On peut supposer sans témérité, d'après ce qu'on sait du caractère de du Guesclin, qu'il avait pris longtemps avant 1350 le parti de se soustraire à

toute direction et de se jeter ainsi dans les hasards.
L'exemple des aventuriers de toute nation qui,
presque dès le début de la guerre, étaient venus
s'abattre avec leurs compagnies sur la Bretagne, l'a-
vait sans doute séduit de bonne heure. Beaucoup de
ces chefs de bandes, nés roturiers, étaient arrivés à
égaler en renommée les plus illustres chevaliers.
Presque tous avaient acquis de grandes fortunes,
comme ce Croquart qui possédait plus de soixante
mille écus (somme énorme pour le temps), entretenait trente chevaux dans ses écuries et faisait mener
à sa femme un train de reine. Ils devaient, il est vrai,
la plus forte part de leurs richesses au brigandage.
Mais, sans les imiter dans ces déprédations et ces pilleries qui répugnaient à la droiture et à la générosité
de du Guesclin, il y avait encore moyen de tirer du métier de soldat non moins de profit que de gloire. Il est
donc fort probable que dès la troisième ou la qua-
trième année de la guerre Bertrand réunit et disciplina la petite troupe qui en 1350 était devenue la
terreur du parti de Montfort.

Nous savons du reste que sa mère, qui mourut
cette année même, avait eu le temps d'applaudir à
quelques-uns de ses exploits de capitaine. Il avait
enrôlé, sans doute aux environs de la Motte-Broons,
où il avait tant d'amis, soixante hommes de bonne
volonté, jeunes, vigoureux et décidés à le suivre en
tout lieu. C'étaient pour la plupart des paysans. Mais
du Guesclin n'avait jamais dédaigné la roture. Il faisait plus de cas d'un vilain musculeux et hardi que
d'un gentilhomme débile et trop prudent. Il était sûr,
du reste, que ces fils de laboureurs ne lui marchan-
deraient pas leur obéissance. Il fallait pourtant, pour
les maintenir dans le devoir, leur donner à manger,

et dans les premiers temps Bertrand n'était pas souvent en mesure de les nourrir ni de les solder. Un jour il força sans scrupule le coffre à bijoux de sa mère et prit ce qu'il contenait pour l'entretien de sa compagnie, qui en avait grand besoin. Comme elle se plaignait, il lui répondit que ce n'était qu'un emprunt et que sous peu il lui rendrait au centuple ce qu'il venait de s'approprier. Peu après il chevauchait, assez mal en point, dans une forêt, accompagné seulement d'un écuyer auquel il n'avait pu jusqu'alors fournir de monture. Cet homme maugréait d'être obligé d'aller à pied et parlait tout haut de quitter le service de du Guesclin. Juste à ce moment passaient à peu de distance un chevalier anglais, son écuyer et son valet, tous bien montés et portant une forte somme d'argent. Aussitôt Bertrand provoque ce gentilhomme, l'attaque et le tue; l'écuyer tombe également sous ses coups pour ne plus se relever. Le valet est dépouillé des valeurs qu'il portait. Le vainqueur fournit un cheval à son serviteur et court triomphalement restituer à Jeanne Malemains les deniers qu'il lui a si cavalièrement empruntés, non sans y ajouter, suivant sa promesse, une somme encore bien plus forte.

Du Guesclin avait sans doute accompli bien des faits d'armes de ce genre quand la fortune lui permit de remporter un succès plus difficile et plus retentissant. Il parcourait, vers le milieu de l'année 1350, la forêt de Teillais, lorsque ses éclaireurs l'avertirent que le fort château du Fougeray, occupé par les Anglais, était pour le moment privé de son gouverneur. A cette nouvelle, Bertrand marche rapidement vers le Fougeray. La place est escarpée et bien défendue. Aussi ne songe-t-il pas à la prendre d'assaut. Mais il

sait que la garnison a fait récemment une commande
de bois de chauffage dans les environs. Il se présente
donc à la porte du château avec une trentaine de ses
hommes, tous chargés de fagots; les autres sont aux
aguets, à peu de distance. On ouvre sans défiance. Les
faux porteurs, à peine entrés, jettent leurs fardeaux,
en font une barricade, grâce à laquelle ils restent
maîtres du pont-levis, tirent leurs armes, qu'ils
avaient tenues cachées, et appellent leurs compagnons. Ceux-ci accourent. La garnison, quoique surprise, veut résister. Du Guesclin se rue sur les défenseurs de la forteresse. « Voilà du bois, leur crie-t-il,
qui vous coûtera cher. » Mais dans l'ardeur du combat
il s'écarte du gros de sa troupe, pénètre à l'intérieur
du château, se voit entouré d'ennemis et, près de
succomber sous le nombre, se réfugie dans une étable
où des soldats, des valets, des aides de cuisine
viennent le larder à coups d'épées, d'épieux et de
broches à rôtir. Criblé de blessures, aveuglé par le
sang qui coule de son front, il se défend comme un
sanglier. Enfin ses compagnons, renforcés par une
troupe venue du dehors, accourent à son aide et le
dégagent. La garnison est presque entièrement mas-
sacrée et du Guesclin demeure châtelain du Fougeray.

Combien de temps conserva-t-il sa conquête? Nous
ne le savons au juste. Lui fut-elle enlevée de vive
force par un autre aventurier? S'en dessaisit-il à prix
d'argent? Cette dernière hypothèse est la plus probable. Le fait est qu'au mois de mai 1352 l'Anglais
Robert Knolles occupait avec sa compagnie cette forteresse, qu'il devait conserver presque sans interrup-
tion jusqu'en 1360. Quant à du Guesclin, il avait
repris sa vie d'éclaireur et de guetteur de routes. Il la

VOILÀ DU BOIS QUI VOUS COUTERA CHER.

menait encore au mois d'août 1352, lorsque le lieutenant du roi de France, Gui de Nesle, qui était venu
en Bretagne pour relever la cause de Charles de Blois,
subit la défaite de Mauron. A cette époque son audace et ses coups de main lui avaient valu déjà dans
tout le duché une réputation retentissante. Il n'est
pas étonnant que des officiers royaux, cherchant
après une bataille malheureuse à reconstituer le
parti français dans la péninsule armoricaine, crus-
sent devoir l'appeler à eux et lui faire espérer au
nom de leur maître un commandement digne de lui.

Dans les premiers mois de 1353 Bertrand venait
de perdre son père. Devenu chef de sa famille et
principal héritier des biens de Robert du Guesclin, il
dut se rapprocher de la Motte-Broons. Il vint avec sa
bande, sans doute pour surveiller son domaine, tenir
campagne entre Dinan et Pontorson. Cette dernière
place, sise sur la frontière de la Normandie et de la
Bretagne et commandant la baie du mont Saint-Michel, était pour le moment une position militaire de
premier ordre. Il était de la plus haute importance
d'empêcher les Anglais de s'en emparer. Le duc d'Orléans, frère du roi, qui la détenait à titre de gage,
en avait donné le commandement à un capitaine
éprouvé, nommé Pierre de Villiers, qui jouissait de
toute la confiance du souverain. Ce vaillant homme
eut sans doute à cette époque occasion de voir de
près et d'apprécier du Guesclin, qui devait plus tard
lui succéder dans le gouvernement de Pontorson;
aussi ne tarda-t-il pas à l'attirer dans cette ville.
Bertrand s'y trouvait vers la fin de 1353 et y brillait
dans les tournois par son entrain et sa vaillance
ordinaires. C'est là qu'il fit très probablement la
connaissance d'Arnoul d'Audrehem, maréchal de

France, que le roi venait d'envoyer en Bretagne comme son principal lieutenant. C'est sous le puissant patronage de ce grand officier et sous les auspices de Pierre de Villiers que l'humble chef de partisans entra dans les armées royales, qu'il était destiné à commander en chef. C'est du moins ce qu'il est permis de présumer en le voyant, à partir de 1353, suivre d'Audrehem dans ses campagnes ou borner aux environs de Pontorson ses expéditions personnelles.

Au mois d'avril 1354 du Guesclin fut assez heureux pour tirer son nouveau protecteur d'un fort mauvais pas. Le maréchal était à cette époque avec sa troupe au château de Montmuran, dans les environs de Bécherel[1], lorsque le redoutable capitaine anglais Hugh de Calverly s'approcha rapidement pour l'y cerner. Bertrand, qui avait prévu ce mouvement, avait placé un certain nombre d'archers aux aguets. Les Français, avertis dès le premier choc, eurent le temps de se mettre en défense. Après une lutte sanglante, les Anglais en pleine déroute se dispersèrent, laissant au pouvoir des vainqueurs un grand nombre des leurs et entre autres leur chef, que du Guesclin avait pris de sa main. Notre héros s'était en cette circonstance comporté avec tant de fougue et de vaillance, qu'un gentilhomme normand, Eslatre des Marès, voulut l'armer chevalier sur le champ de bataille.

Parmi les prisonniers qu'il avait faits à Montmuran se trouvait un parent de Guillaume Trussel, capitaine anglais de quelque renom. Ce dernier, ayant voulu le racheter, éprouva un refus et, de fureur, provoqua du Guesclin en champ clos. Bertrand était alors épuisé par la fièvre. Il n'en accepta pas

1. Bécherel se trouve dans l'Ille-et-Vilaine, à 20 kilomètres N.-O. de Rennes.

moins le défi, demandant seulement que le vaincu payât cent écus pour régaler les spectateurs. A l'heure marquée, le combat eut lieu sur la place publique de Pontorson, neutralisée pour la circonstance et où grand nombre de chevaliers anglais et français étaient accourus. Les amis de du Guesclin, le voyant fort affaibli, tremblaient pour sa vie. On ne trembla pas longtemps. Au bout de quelques minutes Trussel tomba, l'épaule transpercée, et dut reconnaître sa défaite.

Pendant ces duels et ces escarmouches, le roi d'Angleterre continuait à négocier avec Charles de Blois. Il prolongeait jusqu'au 1er avril 1355 la trêve jusqu'alors si mal observée. En 1353 il avait déjà permis à son prisonnier d'aller passer quelques semaines en Bretagne pour tâcher d'y recueillir sa rançon. Il lui accorda la même faveur au mois de novembre 1354. Mais, selon l'usage, il exigea que Charles fournît un certain nombre d'otages qui répondraient de son retour. Seize chevaliers bretons se rendirent à ce titre en Angleterre. De ce nombre était du Guesclin, qui pendant son séjour à Londres se fit remarquer non seulement par sa force et son adresse dans les tournois, mais aussi par sa brusquerie et par ses boutades. Édouard III, qui venait d'accorder une nouvelle prolongation de la trêve, voulait que lui et ses compagnons s'engageassent par serment à la respecter. « Nous l'observerons, lui dit rudement le sire de la Motte-Broons, comme vous l'observerez vous-même. » Le roi se fâcha et, pour le calmer, un des Bretons, Even Charruel, crut devoir lui dire qu'il ne fallait pas tenir compte des saillies de ce cerveau détraqué et que ses compagnons ne l'avaient mené en Angleterre que pour les faire rire.

Bertrand, qui n'était pas si fou et qui avait sur le cœur les menaces d'Édouard III, se mit, après son retour en Bretagne, à pourchasser les Anglais avec un redoublement d'entrain et de vigueur. Malgré la convention de Londres, les deux partis n'avaient point déposé les armes. Il put donc, suivi de son cousin Olivier de Mauny, qui devait être le compagnon de toute sa vie, reprendre la campagne dès les premiers mois de 1355 et courir sus à l'ennemi. On le vit comme autrefois aux environs de Dinan et de Pontorson, se multipliant pour faire face à toutes les attaques ou pour surprendre les routiers anglais.

Le moment approchait où les maux dont souffrait la Bretagne allaient s'étendre à toute la France et où le royaume allait avoir besoin plus que jamais de défenseurs semblables à Du Guesclin. Depuis la prise de Calais, Édouard III, grâce à une trêve plusieurs fois prorogée, s'était abstenu de renouveler directement ses attaques contre notre pays; mais il n'avait point pour cela renoncé à ses prétentions. Il ne cessait d'exercer ses sujets au maniement des armes, aux marches rapides, aux évolutions régulières; il se procurait de l'argent par tous les moyens et se tenait prêt à recommencer la grande guerre dès que les circonstances lui paraîtraient favorables à ses desseins. Elles n'étaient malheureusement que trop propices à son ambition. Philippe VI était mort en 1350, laissant le trône à son fils, le duc de Normandie, qui régna sous le nom de Jean II. Ce nouveau roi était encore plus épris de chevalerie et plus dénué de bon sens que son prédécesseur. Pendant que son adversaire organisait de solides et lestes bataillons d'infanterie, il donnait tous ses soins aux futiles exercices des tournois et instituait l'ordre tout féodal de l'É-

toile, dont les membres s'engageaient sur l'honneur
à ne jamais reculer devant l'ennemi de plus de quatre
arpents. Prodigue non moins que fastueux, il enri-
chissait des favoris indignes et manquait toujours
d'argent pour lever des troupes. En 1355, quand
l'ennemi fut au cœur de la France, il lui fallut à la
hâte réunir les États généraux et leur demander des
subsides qu'ils ne lui accordèrent qu'à des conditions rigoureuses et humiliantes. Effréné dans ses
haines comme dans ses attachements, il faisait sans
pitié tomber les têtes les plus hautes et donnait des
exemples de brutalité que la noblesse était trop dis-
posée à suivre. Son gendre Charles, roi de Navarre
et comte d'Évreux, bien digne du surnom de Mauvais
qu'il porte dans l'histoire, fit en 1354 assassiner le
connétable de France. Jean ne put jamais lui par-
donner ce méfait, et la mésintelligence de ces deux
princes devait singulièrement aggraver le péril du
royaume en présence des armées anglaises.

On sait que, la trêve étant expirée au mois de juin
1355, Édouard III, prêt pour l'invasion et sachant
que son adversaire ne l'était pas pour la défense,
fit officiellement reprendre les hostilités d'une part
en Artois, de l'autre en Guienne et en Languedoc.
C'est seulement dans les premiers mois de l'année
suivante que Jean fut en mesure de combattre l'invasion. A ce moment, le prince de Galles, fils aîné
d'Edouard III [1] s'avançait, à la tête d'une armée
peu nombreuse, mais alerte et bien disciplinée,
par l'Auvergne et le Berry, pour donner la main
sur la Loire à son parent le duc de Lancastre, qui
devait débarquer en Bretagne ou en Normandie.

_____

1. Plus connu dans l'histoire sous le nom de Prince Noir, à cause
de son armure.

Le roi de France, qui commandait à des forces considérables, voulut en profiter tout d'abord pour se venger de son gendre, qu'il soupçonnait d'avoir traité avec les Anglais et qui en était bien capable. Il courut donc à Rouen, où se trouvait alors le roi de Navarre, l'arrêta de sa main, fit décapiter plusieurs de ses serviteurs et entreprit la conquête des domaines que Charles le Mauvais possédait en Normandie (avril 1356). Il y consuma plusieurs mois et donna ainsi au prince de Galles le temps de mettre au pillage tout le centre de la France. Lancastre, d'autre part, appelé dans le Cotentin par les partisans du Navarrais et surtout par Geoffroy de Harcourt, traversait en les dévastant le Maine et l'Anjou. Le fils d'Édouard III, pour s'unir à lui, passait du Berry dans la Touraine et le Poitou. Il était temps que Jean II prît des mesures pour empêcher la jonction des deux généraux anglais. Rendons-lui cette justice qu'en présence du danger il eut autant d'activité que de décision. Après avoir pourvu à la garde ou à la destruction des ponts de la Loire, si bien que Lancastre, arrivé aux Ponts-de-Cé, dut rebrousser chemin, il résolut de se jeter, avec le gros de ses forces, sur le prince de Galles pour l'accabler. Ce dernier, dont l'armée était réduite à moins de dix mille hommes, était un peu au sud de Poitiers lorsque le roi de France, qui en huit jours avait su concentrer plus de cinquante mille soldats et les conduire des environs d'Orléans au cœur du Poitou, lui présenta la bataille. Le prince, retranché sur le coteau de Maupertuis, où il courait risque d'être cerné et de mourir de faim, essaya de négocier. Mais Jean voulait absolument combattre. Le 19 septembre il ordonna l'attaque des positions anglaises. Il les avait à peine fait reconnaître, et il prit de si mauvaises dispositions, que son énorme supériorité numérique ne l'empêcha pas de subir une irrémédiable défaite. Fait prisonnier après une lutte désespérée, on peut dire qu'il ne lui resta plus que l'honneur. La France était comme décapitée. Le roi était captif; vingt-deux chevaliers bannerets, deux mille cinq cents hommes d'armes et un nombre immense de gens de pied restaient couchés sur le champ de bataille. Pendant que Jean suivait le prince de Galles à Bordeaux, son fils aîné Charles, duc de Normandie, qui n'avait que dix-neuf ans, courait vers Paris pour y convoquer les États généraux et demander de quoi réparer ce désastre. La terreur et l'indignation populaires l'y avaient devancé. C'est en présence de l'ennemi vainqueur et au milieu des révolutions que ce jeune prince, prenant sur lui la défense presque désespérée du pays, allait avoir à faire l'apprentissage du gouvernement.

Pendant que le dauphin[1] Charles entreprenait une tâche que tout le monde croyait au-dessus de ses forces et que le vainqueur de Poitiers rentrait triomphalement en Guienne, le duc de Lancastre, lieutenant d'Édouard III en Bretagne, pénétrait avec toutes ses forces dans ce duché et venait mettre le siège devant Rennes. La longue et glorieuse résistance de cette ville, qui ne fit pas moins d'honneur à la France après Poitiers que celle de Calais ne lui en avait fait après Crécy, fut due en grande partie au dévouement de Bertrand du Guesclin. Ce capitaine avait vu partir depuis plus d'un an son patron, le maréchal d'Audrehem, rappelé par le roi pour servir en Artois et ailleurs. Mais il était de ceux qui se passaient aisé-

1. On lui donnait ce titre parce qu'il possédait en propre le Dauphiné, que Philippe VI avait acquis pour lui en 1349.

COMBAT DE DU GUESCLIN ET DE THOMAS DE CANTERBURY.

ment de direction supérieure. Il avait donc repris
avec ses plus fidèles compagnons, dans les landes et
les forêts, sa guerre indépendante d'autrefois. Quand
l'armée anglaise se fut établie devant Rennes, il se
donna pour mission de harceler sans cesse les assiégeants, d'intercepter leurs convois et, autant que
possible, de leur couper les vivres. Pendant les sus-
pensions d'armes même le sire de la Motte-Broons
était toujours en éveil, toujours prêt aux provoca-
tions et aux combats. On rapporte qu'à cette époque,
durant une courte trêve, un de ses frères qui servait
sous lui fut traîtreusement arrêté et retenu prison-
er par un gentilhomme anglais nommé Thomas de
Canterbury. Cette injure fut bientôt vengée. A la
première nouvelle d'un acte aussi déloyal, Bertrand
monte à cheval, se rend au camp du duc de Lancastre
et somme ce prince de lui faire justice en lui permet-
tant de se battre avec le coupable. Thomas de Canterbury, défié, relève le gant. Les conditions du duel
sont aussitôt réglées. Il aura lieu sur une place
publique à Dinan. Le duc et un grand nombre de ses
hommes d'armes sont courtoisement admis à y assis-
ter. Bien qu'il ait affaire à un adversaire redoutable,
du Guesclin est fort tranquille. Une belle jeune fille
de la ville, Tiphaine Raguenel (sa future femme), qui
se mêle de deviner l'avenir, lui a prédit la victoire. Il
est vrai qu'il n'ajoute guère foi aux sornettes astro-
logiques. S'il est calme, c'est qu'il a confiance dans
sa force et dans son courage. Le combat a lieu et
dure longtemps. Les deux adversaires s'éprouvent
successivement à la lance, à l'épée, à la hache
d'armes. Enfin le Breton parvient à jeter à terre son
ennemi, se rue sur lui, lui arrache son heaume et le
met dans un tel état que les spectateurs, tout en ap-

LES PORCS ACCOURURENT.

plaudissant à son triomphe, demandent grâce pour le vaincu. Bertrand laisse la vie au traître, dont les armes lui sont adjugées, et le duc de Lancastre, plein d'admiration pour un si vaillant homme, bannit à jamais de sa présence Thomas de Canterbury.

Il paraît que du Guesclin empêcha le duc vers cette époque de s'emparer de Dinan. Mais Rennes, depuis longtemps bloquée, semblait bien près de succomber. Les habitants de cette ville voyaient avec désespoir leurs vivres diminuer; la famine approchait. Un jour que les assiégeants, par dérision, avaient amené un troupeau de porcs sur les talus extérieurs de la place, ils ouvrirent une de leurs portes et au-dessus pendirent toute vivante une truie qui poussa de grands cris. Les porcs accoururent; la truie, remise sur ses pieds, s'enfuit vers l'intérieur de la ville; ils la suivirent et quand ils eurent passé, le pont-levis fut prestement redressé. Mais on ne pouvait tous les jours se procurer des provisions à aussi bon compte. Bientôt les Rennois furent réduits aux dernières extrémités. Mais du Guesclin veillait et travaillait pour eux. Nuit et jour il battait les bois et les chemins aux alentours de la place. Y pénétrer en passant à travers l'armée anglaise était impossible. Fort heureusement, Bertrand, toujours bien informé par ses éclaireurs, apprend une nuit que Lancastre, trompé par un faux avis, vient de s'éloigner pour quelques jours avec une bonne partie de ses troupes. Aussitôt il marche sur Rennes, surprend les cantonnements anglais, renverse ou tue tout ce qui lui fait obstacle, trouve le moyen d'enlever en passant une centaine de charrettes chargées de vivres et entre victorieusement dans la place avec ce convoi.

Les Rennois étaient sauvés, du moins pour plu-

sieurs semaines. Lancastre, joué, revint trop tard
devant la place. Mais, émerveillé de l'audace et des
exploits de du Guesclin, il témoigna le désir de voir
de près et de fêter ce loyal ennemi. Il lui envoya un
sauf-conduit, le reçut avec honneur dans son camp,
l'invita à sa table et le reçut vraiment en prince. Au
fond, il ne l'avait fait venir que pour essayer de le
corrompre et de se l'attacher. Mais, tout en se mon-
trant sensible à l'estime d'un si haut personnage,
Bertrand lui prouva par son indignation qu'il était
incapable de trahir ses devoirs. Le duc n'en eut pour
lui que plus de considération. Les seigneurs anglais
qui l'entouraient en éprouvèrent sans doute quelque
mauvaise humeur. Un d'entre eux, Guillaume Bramborc, renommé pour sa vigueur et pour ses prouesses,
le requit de trois coups de lance. « Vous en aurez
six, » répondit le Breton, et il entra en ville pour se
préparer au combat. Le lendemain il en sortait de
nouveau, armé de pied en cap. Beaucoup de Rennois
craignaient qu'il ne succombât. Sa tante voulait le
retenir. « Je veux t'embrasser, » lui disait-elle. —
Allez embrasser votre mari, repartit-il peu galam-
ment, et me préparer à dîner. » Cette fois encore il
ne tarda pas à rentrer vainqueur. Bramborc reçut
un coup de lance au travers du poumon et se tint
pour satisfait. Le même jour, au moment où Bertrand
venait de rentrer dans Rennes, le duc de Lancastre
fit donner l'assaut à la ville. Sans prendre le temps
de se reposer, notre héros courut aux remparts et se
comporta si rudement, que les Anglais durent se retirer; et comme ils avaient amené près des murailles
une tour de bois garnie d'archers, il n'eut pas de
repos qu'il ne fût allé y mettre le feu.

La résistance opiniâtre de Rennes ne sauva pas

cette place, sur les murs de laquelle le duc de Lancastre avait fait vœu de planter sa bannière. Il la prit
par famine, au mépris de la trêve conclue à Bordeaux,
le 23 mars 1357, entre la France et l'Angleterre et qui
s'étendait particulièrement à la Bretagne. Il lui im-
posa même avant de l'évacuer une contribution de
cent mille écus. Quant à du Guesclin, sa réputation
était parvenue jusqu'au dauphin, qui depuis un an
exerçait la lieutenance générale du royaume. Le
prince, qui devait relever et délivrer la France et
dont Bertrand devait être le principal auxiliaire, lui
confia vers le mois de décembre 1357 la succession
périlleuse de Pierre de Villiers. Ce chevalier fut mis
à la tête du guet de Paris, sur lequel Charles voulait
pouvoir compter pour se défendre contre les meneurs
des États généraux et surtout contre le roi de Navarre. Ce dernier, délivré par ses partisans, ameutait
le peuple de la capitale contre le dauphin. Exempt de
tout scrupule, il tendait la main au roi d'Angleterre,
et tandis que d'une part il flattait Etienne Marcel
et le parti démagogique, il engageait de l'autre
à son service la plupart des bandes étrangères
qu'Edouard III, aux termes de la trêve, aurait dû licencier. Grâce à la connivence déloyale de ce souverain,
non seulement il reprit toutes ses places de Normandie, mais il fit occuper plus de soixante villes ou
châteaux autour de Paris et livra l'Ile-de-France au
plus affreux pillage. Mais il ne put jamais se saisir
d'une forteresse normande à laquelle il attachait
avec raison beaucoup d'importance. Nous voulons
parler de Pontorson. Cette ville, défendue naguère
par Pierre de Villiers, avait en effet maintenant pour
gouverneur Bertrand du Guesclin.

L'autorité de ce dernier s'étendait d'ailleurs à

DU GUESCLIN MIT LE FEU AUX TRAVAUX DES ANGLAIS.

d'autres places. Car, en même temps que le commandement de Pontorson, il reçut celui de deux châteaux voisins, Montagu et Sacey. Il fut aussi chargé
de la défense du mont Saint-Michel. On voit que,
posté à l'extrême limite de la Bretagne et de la Normandie, il avait à faire face de deux côtés, et que sa
tâche demandait une vigilance peu commune. C'était
surtout le Cotentin, dont il tenait une porte, qu'il
avait nuit et jour à surveiller. Cette grande presqu'île,
qui de bonne heure avait tenté les Anglais, était
alors en proie aux trois partis anglais, français et
anglo-navarrais, qui la pillaient sans relâche et ne
laissaient aucune sécurité aux habitants des villes et
des campagnes. Ils s'y trouvaient partout en présence. Comme la plupart des capitaines établis en ce
pays étaient des routiers sans foi ni loi, se souciant
peu des trêves et ne cherchant qu'à faire fortune, la
guerre était incessante et avait lieu à la fois sur tous
les points. Ce n'étaient de toutes parts qu'embuscades, escalades, massacres, pilleries, violences de
toute nature contre les personnes. Les trois partis
venaient à tour de rôle rançonner les mêmes villages.
Chacun d'eux enlevait les femmes et les enfants et
mutilait les prisonniers qui ne pouvaient se racheter.
Les voyageurs et les marchands devaient leur payer
tribut et se munir à prix d'or de trois sauf-conduits
qui ne les préservaient pas toujours de la spoliation
complète ou de la mort. Les paysans affolés se joi-
gnaient aux brigands ou se cachaient dans des ca-
vernes, dans les roseaux, dans les bois. Telle était
en 1358 la déplorable condition d'une province jadis
paisible et riche. Telle était aussi, grâce à l'ambition
du roi de Navarre et à la déloyauté du roi d'Angleterre, celle de la plus grande partie de la France.

ÉTIENNE MARCEL.

Du Guesclin faillit, dès le début, perdre sa ville de Pontorson. Elle fut en effet attaquée en son absence, le 17 février 1358, par un routier Navarrais fort redouté, le Bascon de Marcuil, qui occupait la forteresse voisine d'Avranches. Heureusement il dut se contenter d'en brûler les barrières. Le sire de la Motte-Broons ne tarda pas sans doute à rentrer dans la place. Il la préserva de tout malheur par sa ferme attitude et la bonne discipline qu'il entretenait parmi ses soldats. Se donna-t-il à son tour, pendant l'année 1358 et la première moitié de 1359, le plaisir d'inquiéter les Navarrais et les Anglais? C'est fort probable, mais l'histoire à cet égard ne dit rien. On peut supposer qu'aux intervalles de ses courses dans le Cotentin il fut plusieurs fois appelé auprès du dauphin. Ce qu'il y a de sûr, c'est qu'au milieu de 1359 il servait sous ce prince et se distingua sous ses yeux au siège de Melun.

Le lieutenant général, qui portait maintenant le titre de régent, avait été obligé, en mars 1358, de quitter Paris dominé par la faction démagogique et navarraise. Il avait ensuite combattu péniblement la *jacquerie*, insurrection de paysans déchaînée dans l'Ile-de-France et la Brie. Après la mort du prévôt des marchands Étienne Marcel (31 juillet), il avait bien pu rentrer dans la capitale et y rétablir son autorité. Mais il lui fallait dégager les alentours de cette grande ville, infestés et opprimés par les compagnies de Charles le Mauvais. Il tenait surtout à reprendre les places situées sur la Seine, lesquelles commandaient le fleuve et gênaient les approvisionnements de Paris. Il avait notamment à cœur de reconquérir Melun, ou du moins la partie de cette ville bâtie sur la rive gauche de la Seine. C'était, il est

vrai, la plus importante, car elle comprenait un château très fort et commandait le pont qui reliait les deux
moitiés de la place. Les soldats de Charles le Mauvais
s'en étaient emparés par surprise et ils y tenaient
bon, sous Martin de Navarre et le Bascon de Mareuil,
lorsque le régent vint s'établir avec une forte troupe
dans le quartier qui était demeuré en son pouvoir.
Combien de temps dura le siège du château de Melun? On ne le sait au juste. C'est en juillet 1359 qu'eut
lieu l'assaut dans lequel du Guesclin se distingua si
fort. Le trouvère Cuvelier nous le montre au milieu
de l'armée française, qui s'avance sur deux lignes
pour tenter l'escalade, pendant que de l'autre côté
de la rivière le dauphin, retenu par les siens, se con-
tente de suivre l'attaque des yeux. Le Bascon de Mareuil, debout sur les murailles, dominant tous ses
soldats de sa grande taille, se multiplie pour repous-
ser les assaillants. Bertrand l'aperçoit et grince des
dents. Il se rappelle que ce routier a voulu surprendre
Pontorson. « Que je serais heureux, s'écrie-t-il, de
lui enfoncer ma dague dans le corps! » Mais les
Français, accablés de traits et de pierres, commen-
cent à reculer. Ce que voyant, du Guesclin jure par le
saint nom de Dieu qu'il ira parler au Bascon jusque
sur les créneaux. Il va aussitôt saisir une longue
échelle, la dresse contre la muraille et commence
bravement à monter. Le régent, qui le voit, demande
son nom et ne peut contenir son admiration. Les assiégés au contraire l'insultent et l'outragent. « Quel
charretier! disent-ils. Qu'il est carré! Qu'il est lourd?
Il va tomber et se crèvera le cœur. » Il monte toujours. Mais tout à coup le Bascon, homme d'une force
peu commune, soulève une énorme caque remplie de
cailloux et la lui lance sur la tête. Bertrand roule

évanoui dans le fossé. Le régent l'envoie ramasser.
On le croit mort. Mais au bout de peu d'instants
l'indomptable capitaine rouvre les yeux et demande
si la forteresse est prise. On lui répond que les assiégés sont en train de faire une sortie. Aussitôt il se
lève, reprend ses armes, court au plus fort de la mêlée, et se comporte si bien que les Navarrais sont re-
foulés, après de grandes pertes, dans le château.

Quelques semaines après cet éclatant fait d'armes,
le capitaine de Pontorson était de retour en Normandie. On avait besoin de lui dans le Cotentin et sur les
marches de Bretagne. Le dauphin venait de signer la
paix avec Charles le Mauvais. Mais à ce moment
même Édouard III reprenait les armes et entrait en
France par Calais à la tête d'une grosse armée (octobre 1359). Pendant qu'il traversait la Champagne, la
Bourgogne, l'Ile-de-France, du Guesclin faisait à ses
lieutenants, dans l'ouest du royaume, une incessante
guerre d'embuscades. Parfois vaincu, plus souvent
vainqueur, il donnait chaque jour de nouvelles preuves de son ingéniosité et de sa bravoure. Malheureusement ses exploits, pas plus que la patriotique résistance des paysans du centre aux bandes anglaises[1],
n'empêchèrent la France de subir l'humiliant et rui-
neux traité de Brétigny (8 mai 1360). En vertu de cet
acte célèbre, Édouard III acquérait la Guienne entière et ses dépendances, le Limousin, l'Angoumois,
l'Aunis, la Saintonge, le Poitou, le Ponthieu et Ca-

---

1. Un chroniqueur du temps conte l'histoire touchante du Grand
Ferré, paysan des environs de Compiègne, qui, grâce à sa bravoure
et à une force peu commune, était devenu la terreur des Anglais à
plusieurs lieues à la ronde. Il en vint douze pour le tuer, un jour
qu'il était au lit, fort malade de la fièvre. Il se leva, s'adossa au mur,
s'arma d'une hache, abattit neuf des assaillants et mit les autres en
fuite. Puis il se recoucha et mourut.

lais, le tout en pleine souveraineté, à la simple condition de renoncer à ses prétentions sur la couronne
de France. Le roi Jean, prisonnier depuis quatre ans,
obtenait enfin sa liberté, moyennant l'énorme rançon
de trois millions d'écus d'or payables en six ans.
Encore ne put-il quitter Calais qu'après avoir livré
à son adversaire quatre-vingts otages qui devaient
demeurer à Londres jusqu'au complet acquittement
de sa dette. Parmi eux étaient les plus riches bourgeois et les plus grands seigneurs de France. On y
comptait plusieurs membres de la famille royale, notamment le duc d'Anjou, fils du roi, le duc d'Orléans
son frère et Pierre d'Alençon son cousin.

Ces trois princes avaient, paraît-il, grande confiance dans la valeur et la fidélité de du Guesclin,
qu'ils connaissaient de longue date. Car ils le char-
gèrent, avant de partir, de la garde et de la défense
de leurs domaines, qui se composaient non seulement
de l'Anjou, du Maine, de l'Orléanais, mais de nombreux fiefs épars en Normandie et en Bretagne. Ce
n'était pas une sinécure, comme nous allons voir. Le
traité de Brétigny n'avait point en réalité pacifié ces
provinces. Mais du Guesclin, en élargissant le cercle
de ses opérations, ne perdit rien de sa vigilance.
Les princes ne devaient avoir qu'à se louer de lui
avoir remis le soin de leurs intérêts.

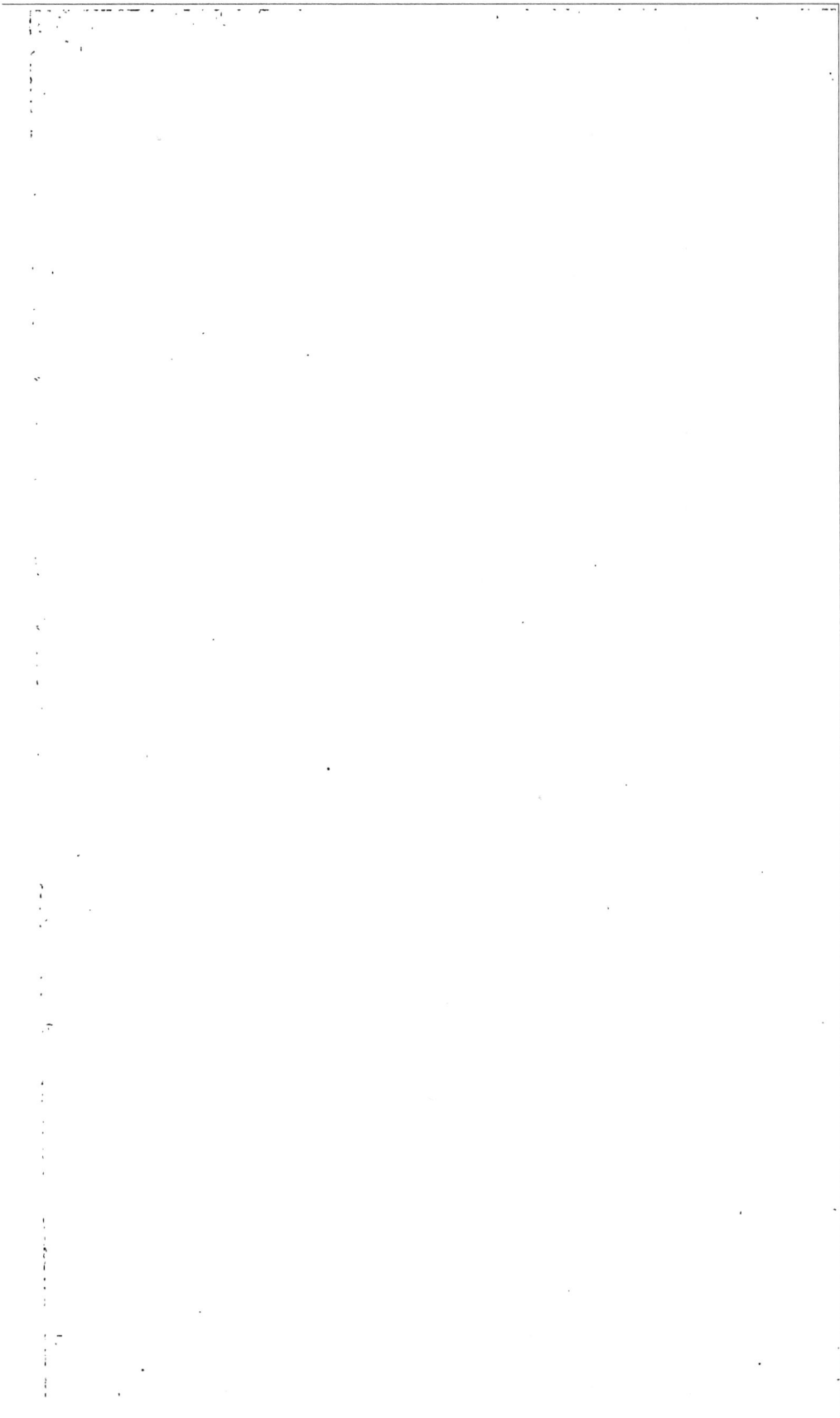

CHAPITRE II

(1360-1365)

Les quatre années qui suivirent le traité de Brétigny furent peut-être celles où du Guesclin eut à déployer le plus d'activité. Ce ne furent pas, à coup sûr, celles où il acquit le moins de titres à la reconnaissance de son pays. Il les passa presque entièrement à guerroyer contre les brigands qui dévastaient le royaume et rendaient la paix illusoire. Abandonnés en 1359 et 1360 par les rois de Navarre et d'Angleterre, qui n'avaient plus besoin d'eux, les chefs de bandes qui avaient servi ces deux princes ne licencièrent point leurs troupes. La guerre était pour eux un métier, un gagne-pain. Depuis longtemps ils la faisaient pour eux-mêmes beaucoup plus que pour leurs maîtres. Ils ne se croyaient point engagés par la réconciliation des souverains. Après Brétigny, n'ayant plus à compter sur les libéralités d'Édouard III, ils n'exercèrent qu'avec plus d'âpreté leur criminelle et lucrative industrie. Ce souverain leur enjoignit pour la forme de dissoudre leurs compagnies. Pas un d'eux n'obéit. Seulement ils évacuèrent ses domaines et passèrent en masse sur les terres du roi de France.

C'était ce que voulait, au fond, le roi d'Angleterre. Le traité de 1360, qui devait débarrasser notre pays des gens de guerre, eut donc pour résultat de le livrer tout entier aux pillards qui accouraient de toutes parts à la curée. Jean eut beau réclamer à vingt reprises différentes la remise des villes et châteaux, à lui appartenant, que détenaient les capitaines étrangers; Édouard ne répondit que par des protestations amicales et argua de son impuissance. Les routiers tinrent ferme dans leurs places et en prirent d'autres. Quand le vaincu de Poitiers rentra en France, son fils dut racheter à prix d'or, pour qu'il pût parvenir à Paris sans encombre, neuf forteresses que les bandits occupaient au nord de la capitale. Puis ce monarque ruiné, qui ne pouvait parvenir à payer le premier pacte de sa rançon, dut écraser ses sujets de nouveaux impôts pour exterminer les compagnies, ce à quoi du reste il ne parvint jamais. A peine put-il armer quelques milliers d'hommes. Or il y avait au centre du royaume, dans les seules provinces de Bourgogne, de Lyonnais et de Bourbonnais, plus de trente mille brigands agglomérés, tous vieux soldats, bien commandés et rompus aux ruses aussi bien qu'aux fatigues de la guerre. Ils se tenaient de préférence dans ces riches contrées; c'était là ce qu'ils appelaient leur *chambre*. Qu'on ne croie pas, du reste, que les autres parties du royaume fussent à l'abri des pillards. Il n'en était pas une où ne fussent établies de grosses compagnies, sans cesse aux aguets et ne perdant aucune occasion de s'enrichir par le meurtre et le vol. Chaque jour du reste il en arrivait d'autres, et les *tard-venus*, comme ils se nommaient eux-mêmes, n'étaient ni les moins avides ni les moins cruels. La France était un rendez-vous cosmopolite d'aventuriers venus de tous les États de l'Europe. On y voyait, tantôt unis tantôt divisés, suivant leurs intérêts du moment, des Bretons comme Alain Taillecol (surnommé l'abbé de Malepaye), des Gascons comme Séguin de Badefol et Arnaud de Cervoles (qu'on appelait l'Archiprêtre), des Anglais comme Robert Knolles et Hugh de Calverly, des Espagnols tels que Martin Henriquez, sans compter le Hollandais Croquart, le Wallon Eustache d'Auberchicourt, l'Allemand Franck Hennequin, et bien d'autres qui ne valaient pas mieux. Ces hommes sans patriotisme, endurcis par le péril, inaccessibles à tout sentiment d'humanité, se faisaient un jeu de réduire à la misère et au désespoir les populations de nos campagnes. Ils écrasaient les laboureurs de contributions, détruisaient parfois à plaisir les récoltes et vivaient dans l'orgie, au milieu d'un luxe insolent, pendant que les pauvres gens qu'ils avaient dépouillés mouraient littéralement de faim sous leurs yeux. Ils ravissaient les enfants pour en faire plus tard des soldats, outrageaient les femmes et infligeaient souvent des tortures monstrueuses aux prisonniers dont ils n'espéraient pas de rançon. Dans leurs marches ils traînaient leurs captifs en laisse comme des chiens; parfois ils leur brisaient les dents à coups de pommeau d'épée, leur coupaient les mains, le nez ou les oreilles. S'ils rencontraient des prêtres, ils les retenaient, sous menace de mort, comme secrétaires; car pour la plupart ils ne savaient ni lire ni écrire. Ils les forçaient aussi de leur dire la messe, car ils affectaient en général une certaine dévotion; ce qui ne les empêchait pas de brûler ou dévaster les églises et d'emporter les vases sacrés pour s'en faire des coupes. On voit par ces quelques détails que, d'une extrémité à l'autre du royaume, il n'y avait de sécurité nulle part, et l'on s'explique aisément la dépopulation et l'appauvrissement que la France subit en quelques années par l'effet de ces brigandages.

Bertrand du Guesclin, chargé d'un commandement important dans les provinces de l'ouest, poursuivit pour sa part, sans trêve ni relâche, les compagnies qui infestaient la Normandie, le Maine, l'Anjou et la Bretagne. Il ne cessa quatre années durant de parcourir ces territoires, rassurant les populations par sa présence, surprenant certains châteaux, en enlevant d'autres d'assaut et châtiant rudement de leurs méfaits les bandits, quand ils lui résistaient trop longtemps ou qu'ils essayaient de le tromper. Il se montrait d'autant plus dur pour eux qu'il avait parfois des revanches à prendre. Malgré sa finesse et la rapidité de ses mouvements, il ne pouvait pas toujours éviter les pièges de l'ennemi. C'est ainsi qu'en janvier 1361 il fut fait prisonnier par Hugh de Calverly. Mais le duc d'Orléans lui fournit les moyens de se racheter. Bientôt délivré, du Guesclin ne mit que plus d'ardeur à pourchasser, à travers la Normandie et le Perche, les bandes anglaises, qui grâce à lui n'y eurent pas un instant de repos pendant tout le reste de l'année 1361. Aussi voyons-nous peu après (janvier 1362) le Dauphin, chargé du gouvernement en l'absence du roi Jean (qui était alors en Bourgogne), récompenser le vaillant capitaine de ses exploits par le don du château et du domaine de la Roche-Tesson, belle seigneurie située entre Avranches et Saint-Lô.

Désormais du Guesclin sera plus intéressé que personne à la défense de la basse Normandie et du Cotentin contre les Anglais, les Navarrais et les bri-

gands. Il s'attachera, du reste, de plus en plus au
prince qui vient, en honorant sa bravoure et son dévouement, de l'enrichir et de le faire grand seigneur.
Bertrand n'est plus en effet un simple chevalier servant sous les bannières des autres. Il est devenu lui-
même *banneret*, c'est-à-dire qu'il a le droit de mener
ses hommes en bataille sous son propre étendard. Il
a pris rang dans la haute féodalité, et il n'en est pas
peu fier. Mais il n'est pas pour cela devenu méprisant
et hautain. Au contraire, plus il acquerra de titres,
plus il s'élèvera dans la hiérarchie sociale, et plus
éclatera aux yeux du peuple cette bonhomie géné-
reuse et cordiale que du Guesclin, parfois si dur aux
grands, témoigne instinctivement aux petits.

A partir de cette époque le dauphin semble ne
plus rien vouloir entreprendre en Normandie sans
le concours de cet heureux capitaine. Il le charge
presque dans le même temps du commandement de
Thorigny, position de premier ordre qui couvre
Saint-Lô et protège le pays compris entre cette ville
et celle de Vire. Puis il ordonne au connétable de
s'entendre avec lui pour une expédition dans le comté
d'Alençon. Robert de Fiennes, qui vient de Rouen,
donne rendez-vous à Bertrand au Merlerault (entre
Argentan et Laigle). Le nouveau seigneur de la Roche-
Tesson accourt, mais trouve le temps d'exterminer en
route, près de Saint-Guillaume de Mortain, plusieurs
compagnies de brigands. Peu après, réuni au connétable, il est surpris dans l'abbaye de Saint-Martin
de Séez par trois fortes bandes qui l'assaillent de
toutes parts. Un combat furieux s'engage. Les routiers,
loin de lâcher pied, tiennent bon. Ils reçoivent même
du renfort. Mais du Guesclin, suivant son habitude,
se rue, la hache en main, au plus fort de la mêlée, et

finalement, après une tuerie de plusieurs heures, la
victoire lui reste. De là il va balayer toute la vallée de
la Vire. Les bandits fuient devant lui. Toute cette contrée est délivrée et le bénit. Mais cette belle opération
est à peine achevée qu'il lui faut courir à l'autre extrémité de la Normandie, au nord de Lisieux, où un
aventurier redouté, l'Anglais James de Pipe, vient d'occuper l'importante forteresse de Cormeilles. A ce moment (avril 1362) Bertrand est réduit à ses propres
forces. Le connétable, mandé par le roi, vient de le
quitter en toute hâte avec presque toutes ses troupes
pour aller en Bourgogne. Les grandes compagnies
du centre ont battu à Brignais (près de Lyon) le
comte de Tancarville, chef d'une armée royale ;
un prince du sang, le comte de la Marche, a été
blessé à mort dans cette journée. Les brigands, vainqueurs, mettent à feu et à sang tout le bassin du
Rhône et menacent d'avancer vers le nord. Aussi
Jean II croit-il devoir consacrer la plus grande partie
de ses ressources à refouler cette horde. Mais que de-
viendra la Normandie? Cette province n'a presque
plus de défenseurs. Heureusement il lui reste du
Guesclin, qui à lui seul vaut une armée. Malgré l'éloi-
gnement du connétable, la garnison de Cormeilles est
bientôt serrée de si près qu'elle entre en accommodement et livre la place. Dès le lendemain le capitaine
de Pontorson se jette avec sa troupe dans la vallée
d'Auge, pourchasse l'Anglais Jean Jouel, qui a ravagé
ce canton, l'atteint sur les bords de la Touques et lui
inflige une leçon qui le met pour longtemps hors
d'état de recommencer.

Après une campagne si laborieuse, la Normandie
semblant pour quelques mois pacifiée, Bertrand avait
le droit de prendre un peu de repos. Mais la paix n'a-

vait nul charme pour lui. Il était encore devant Cormeilles qu'il avait en tête une nouvelle et difficile
entreprise. Il rêvait de retourner en Bretagne et de
porter cette fois un coup décisif au parti de Montfort.
A ce moment, du reste, les deux prétendants qui se
disputaient la péninsule armoricaine se préparaient à
la lutte suprême où l'un d'eux devait laisser la vie.
Ils réunissaient et comptaient leurs amis, rappelaient
les absents, reconstituaient leurs armées. Jean de
Montfort, devenu majeur, gendre du roi d'Angleterre,
disposant des trésors et des armées de son beau-père,
occupait la plus grande partie du duché. Mais Charles
de Blois, qui avait recouvré la liberté, donnait depuis
quelque temps la plus vigoureuse impulsion à son
parti. Il avait plus que jamais confiance dans son bon
droit. Ses malheurs, loin de le décourager, avaient
surexcité dans son âme pieuse l'espoir que Dieu lui
ferait enfin justice en lui donnant la victoire. Du
reste, si son cœur eût été capable de défaillance, il
en eût été préservé par l'obstination farouche de
Jeanne de Penthièvre, qui, depuis près d'un quart de
siècle, luttait sans fléchir pour son héritage et ne voulait pas céder un pouce de territoire. Enfin n'avait-il
pas pour lui la plus glorieuse épée de Bretagne,
c'est-à-dire celle de du Guesclin? Et le concours d'un
lieutenant si brave, si dévoué, si habitué au succès,
ne semblait-il pas lui assurer un triomphe prochain
et définitif?

Il est certain que grâce à son appui Charles de
Blois gagna beaucoup de terrain pendant les derniers
mois de 1362 et les premiers de 1363. A la tête d'une
de ces troupes lestes, infatigables, qu'il savait si bien
dresser aux surprises et aux escalades, Bertrand
poussa rapidement une pointe jusqu'à l'extrémité

occidentale du duché. Pestivien, Trogoff[1], Carhaix,
Saint-Pol-de-Léon[2], bien d'autres villes encore tombèrent en son pouvoir. S'il lui eût été donné de poursuivre ses avantages pendant l'été, il eût sans doute
anéanti le parti de Montfort. Mais des ordres du dauphin le rappelant sur un autre théâtre l'arrêtèrent
net au milieu de ses victoires et le parti dont il était
l'âme, triomphant tant qu'il avait été présent, déclina
dès qu'il fut parti.

Le roi Jean II, toujours à court d'argent, était
parti, en septembre 1362, pour aller à Avignon en
demander au pape. Six mois après il était encore en
cette ville, où il se réjouissait fort et parlait d'organi-
ser une croisade contre les Turcs. Il eût mieux fait
de rentrer à Paris et de se mettre à la tête d'une forte
armée pour purger son royaume du brigandage. Le
dauphin, qu'il avait chargé de maintenir l'ordre en
son absence dans les provinces du centre et du
nord, avait fort à faire pour tenir tête aux compagnies. Le nombre des routiers grossissait dans l'Orléanais, le comté de Chartres, la Normandie. Leur
audace croissait chaque jour. Ils attaquaient de
grandes villes, interrompaient tout commerce, me-
naçaient d'affamer la capitale. C'est dans ces circonstances que le régent crut devoir invoquer l'attache-
ment de du Guesclin, qui, accourant de Bretagne,
s'empressa de se mettre à ses ordres. Au mois d'avril
1363 Bertrand poursuivait déjà les pillards dans les
bailliages de Caen et du Cotentin, dont il venait
d'être institué capitaine souverain. Un des frères de
Charles le Mauvais, Philippe de Navarre, qui depuis
le traité de Pontoise s'était franchement rallié à la

1. Département des Côtes-du-Nord.
2. Département du Finistère.

A de N   J. GAUCHARD sc

LE ROI JEAN.

France, lui servait d'auxiliaire et le secondait de son mieux. Tous deux allèrent assiéger le château d'Aulnay, près de Thorigny. Un routier béarnais, le Bourc[1] de Luz, qui occupait cette position depuis plusieurs années, leur fit d'abord la plus vive résistance. Il finit pourtant par consentir à rendre la place, moyennant une somme d'argent que du Guesclin n'hésita pas à avancer de sa bourse. Ce dernier poursuivit ses avantages dans la vallée de la Vire, harcela les brigands dans toute la Normandie et jusqu'en juillet ne leur laissa pas un jour de repos.

Mais à cette époque il lui fallut tout à coup interrompre ses succès et retourner vers Charles de Blois. Ce prince, après quelques échecs, avait réuni toutes ses forces devant le château de Bécherel, qu'il voulait prendre. Jean de Montfort, pour sauver cette importante position, avait de son côté rassemblé une grosse armée et était venu offrir la bataille à son adversaire. Charles accepta le défi. La lande d'Evran[2] fut choisie d'un commun accord pour servir de théâtre au combat. On put croire que, les deux compétiteurs étant en présence, un engagement décisif allait terminer cette trop longue guerre. Il n'en fut rien. Des négociations s'ouvrirent, et il en résulta une suspension d'armes, qui fut quelque temps après régulièrement convertie en trêve. Les deux rivaux, suivant la coutume, se donnèrent mutuellement des otages. Au nombre de ceux qui devaient lui être fournis, Montfort désigna du Guesclin. Requis par son suzerain le duc de Bretagne, ce capitaine ne pouvait lui refuser un service que les mœurs féodales rendaient, en pareille circonstance, obligatoire. Il quitta

1. *Bourc, bascle, bascon,* autant de synonymes du mot *bâtard.*
2. Un peu au sud de Dinan, département des Côtes-du-Nord.

donc la Normandie, mais fort à regret ; et comme il
ne voulait pas que ce pays souffrît trop longtemps de
son absence, il eut bien soin de stipuler qu'il ne de-
meurerait pas plus d'un mois otage. La mission qu'il
avait reçue du dauphin lui tenait trop au cœur pour
qu'il consentît à en suspendre l'accomplissement plus
de quelques semaines. Cette condition fort raison-
nable fut acceptée. Bertrand passa le temps de sa
captivité sous la garde de Robert Knolles, qui le traita
fort bien ; et, son engagement étant expiré, il reprit
sa liberté et se rendit à Dinan.

C'est très probablement dans cette ville et à cette
époque qu'il épousa la belle Tiphaine Raguenel. Cette
jeune personne, aussi renommée pour son esprit que
pour sa grâce parfaite, était fille d'un riche et vaillant
seigneur du parti de Blois, Robin Raguenel, qui
maintes fois avait combattu à côté de du Guesclin et
avait conçu pour lui de bonne heure la plus haute
estime. Depuis longtemps elle s'était éprise pour le
héros de la Bretagne d'une affection admirative qui
lui cachait la laideur proverbiale de Bertrand. Devenue sa femme, elle ne le détourna jamais de la patriotique mission qu'il s'était donnée ; car elle était
avant tout bonne Française et rêvait comme lui de
voir son pays délivré des Anglais et des routiers de
toute nation. Mais elle ne cessait de veiller sur lui.
Pleine de confiance dans cette science astrologique,
alors si à la mode et qu'elle avait étudiée dès l'enfance
avec passion, elle se livrait nuit et jour à de profonds
calculs et, croyant entrevoir les dangers que l'avenir
réservait à son mari, faisait son possible pour l'en
préserver. Du haut du mont Saint-Michel, où l'on
montre encore l'emplacement qu'elle habitait, en face
de cette ville de Pontorson qu'il avait si bien protégée

et de cette terre de Cotentin où il avait remporté tant de victoires, elle dut passer bien des heures à interroger les étoiles sur les destinées du grand capitaine. Il y avait, d'après elle, des jours qui devaient lui porter malheur. Aussi les lui indiquait-elle fort soigneusement. Pour lui, quoiqu'il aimât fort Tiphaine Raguenel, il ne faisait que rire de telles prédictions, car la nature ne l'avait pas fait très crédule. Du reste, quel que fût le danger, quand la guerre l'appelait, les prières d'une femme n'étaient pas capables de le retenir au logis.

Du Guesclin était peut-être encore à Dinan lorsqu'il reçut un singulier défi de la part d'un chevalier anglais de grand courage nommé Guillaume de Felton. Ce gentilhomme, par une lettre datée du 24 novembre 1363, l'accusait d'être déloyalement sorti de prison et se déclarait prêt à le *prouver par son corps*, c'est-à-dire à soutenir par les armes cette injurieuse imputation. Selon lui, Bertrand avait promis de demeurer otage, non pas un mois, mais jusqu'à ce que Charles de Blois eût livré à Jean de Montfort la ville de Nantes, comme il s'y était engagé. Or ces allégations étaient parfaitement fausses. La teneur de l'engagement pris par du Guesclin pouvait être attestée par de nombreux témoins. Et du reste, lors des négociations d'Evran le duc de Bretagne n'avait nullement consenti à remettre Nantes à son adversaire. C'était là un prétexte inventé par les partisans de Montfort (alors en force) pour recommencer la guerre. Bertrand aurait pu sans déshonneur se dispenser de répondre à une accusation qui tombait d'elle-même; mais on ne le provoquait jamais en vain. Le 9 décembre il fit savoir à Felton qu'il l'attendrait, le mardi avant la mi-carême, par-devant le roi ou, s'il était absent, le duc de Normandie, pour le convaincre de calomnie. « Je maintiendrai, ajoutait-il, dans ma loyale défense que mauvaisement vous avez menti, et je serai tout prêt, s'il plaît à Dieu, à garder et défendre mon honneur contre vous. » Il y eut en effet, à la suite de cet appel, un grave procès devant le dauphin. Ce prince réunit exprès pour le juger la plus haute cour de justice du royaume, le Parlement, où siégeaient non seulement des légistes de profession, mais les pairs de France, c'est-à-dire les plus grands seigneurs et les princes du sang. Lui-même présida le tribunal, et le roi de Chypre Pierre Ier, qui était alors à Paris, assista aussi aux débats.

Après un examen sévère de la cause, les juges proclamèrent (29 février 1364) l'innocence de du Guesclin et rendirent pleinement hommage à sa loyauté. L'arrêt déclara de plus que, une foule de témoins pouvant réfuter les allégations de Felton, il n'y avait pas lieu de déférer le combat aux deux parties; car el duel n'était admissible en justice qu'à défaut de preuves.

Tant qu'avait duré la procédure, l'accusé, pour obéir aux convenances chevaleresques, avait dû s'abstenir d'exercer aucun commandement. Il n'en avait pas moins, sous la direction apparente de son cousin Olivier de Mauny, pris part à une laborieuse campagne contre les brigands du Bessin. C'est à lui que fut due sans doute, en janvier et février 1364, la réduction de nombreuses places de cette région, parmi lesquelles les documents du temps signalent Beaumont-le-Richard, Quesnay, le Molay[1]. Dès qu'il eut

1. Ces localités sont situées dans le Bessin, département du Calvados.

couvré, grâce à l'arrêt du 29 février, toute sa
liberté d'action, il reparut en titre à la tête de sa petite armée et commença la série d'opérations qui en
quelques semaines allait enfin le placer au premier
rang des capitaines français.

La Normandie, loin d'être pacifiée, était à ce moment le théâtre d'une guerre acharnée entre les
troupes royales et les compagnies, qui combattaient
maintenant sous l'étendard de Navarre. Charles le
Mauvais, sous prétexte de faire valoir ses prétendus
droits au duché de Bourgogne, venait de reprendre
les armes avec la connivence secrète d'Édouard III et
du prince de Galles, qui commandait en Aquitaine.
Aux premiers mois de 1364 cette alliance, malgré les
précautions prises pour la dissimuler, devint mani-
feste. Un routier anglais, Jean Jouel, muni des instructions d'Édouard, vint ravager les bords de la Seine,
et à quelques pas de Mantes, ville du roi de Navarre,
s'empara de l'épaisse et haute tour de Rolleboise, d'où
il répandit la terreur à dix lieues à la ronde. D'autre
part, un seigneur gascon renommé par ses prouesses
et depuis longtemps au service du Prince Noir se
prépara, sans doute par l'ordre de ce dernier, à
prendre en Normandie le commandement supérieur
de l'armée navarraise. Il s'appelait Jean de Grailly et
portait, du nom de son principal domaine, le titre
de *captal* (ou seigneur) de Buch[1]. C'était, en même
temps qu'un gentilhomme accompli, un soldat éner-
gique, un tacticien prudent et rusé. Charles le Mauvais ne doutait pas que sous un tel chef ses troupes
ne remportassent de grands avantages. Le roi Jean

---

1. Le petit pays de Buch est situé dans le Bordelais, près du bassin
d'Arcachon, département de la Gironde.

CHARLES LE MAUVAIS.

était absent[1]; ses États semblaient être à l'abandon. Le dauphin était un jeune homme maladif, peu propre à commander des armées et qui n'y songeait guère. Ce qu'on disait de sa détresse ne permettait pas de croire qu'il pût à ce moment lutter à forces égales contre les Navarrais. La France, pillée par les compagnies depuis des années, décimée récemment par la peste (1363), était maintenant victime d'un hiver extraordinairement rigoureux, qui portait au comble la misère publique. Et pourtant, dans des conditions si défavorables, le régent, dont la volonté froide était à l'épreuve du découragement et dont l'esprit fécond n'était jamais à bout d'expédients, sut trouver de l'argent, des soldats, un général, et finalement confondre son ennemi par une victoire décisive. Charles le Mauvais avait de bonnes troupes : il en eut de meilleures, et au captal de Buch il put heureusement opposer du Guesclin.

Il agit du reste, dès qu'il fut prêt, avec une promptitude et une fermeté qui déconcertèrent les Navarrais. Loin de leur laisser le temps de prendre l'offensive, il les fit attaquer à l'improviste, les délogea dès le début de la campagne des principales positions qu'ils occupaient sur la Seine, et en quelques semaines les réduisit à livrer bataille sur un terrain qu'ils n'avaient pas choisi. Vers la fin de mars 1364 Bertrand assiégeait, d'ailleurs sans succès, la redoutable tour de Rolleboise, du haut de laquelle Wauter Straël, lieutenant ou successeur de Jean Jouel, défiait tous ses efforts. Ni les mines qu'il creusait, ni les machines dont il battait les murailles,

---

1. Il était retourné en Angleterre, au mois de décembre 1363, pour prendre la place du duc d'Anjou, son fils, qui, livré comme otage à Édouard III après Brétigny, avait violé sa foi en rentrant en France.

ni même les canons qu'il avait fait venir de Paris ne parvenaient à ébranler la forteresse ou à intimider ses défenseurs. Tout à coup arrive au camp français un des principaux conseillers du régent, le maréchal Boucicaut, porteur d'instructions secrètes et pressantes pour du Guesclin. Le prince mande au capitaine breton d'aller en toute hâte se saisir par force ou par ruse des deux fortes places navarraises de Mantes et de Meulan, qui coupent les communications de la capitale avec Rouen et sont pour l'armée de Charles le Mauvais une excellente base d'opérations. Le roi de Navarre, qui en France n'est que comte d'Evreux et qui à ce titre n'est depuis longtemps qu'un vassal rebelle, a mérité cent fois la confiscation de ses domaines de Normandie. Le dauphin a pris la très légitime résolution de les faire occuper au plus vite, et a jugé avec beaucoup de sens qu'il fallait commencer par les plus rapprochés de Paris et de la Seine. Du Guesclin, rompu aux surprises et aux ruses de la guerre, se met aussitôt en mesure d'obéir. Il laisse une partie de ses troupes devant Rolleboise, comme s'il voulait en continuer le siège[1], part nuitamment avec le reste, dispose et dissimule habilement ses compagnies dans le voisinage de Mantes et se cache avec cent vingt hommes d'armes aux abords immédiats de cette ville. Le matin venu (on était au 7 avril), il attend l'ouverture d'une des portes, et dès que les Navarrais sans défiance ont abaissé le pont-levis, il s'élance avec son avant-garde et se rue dans la place en poussant son cri de guerre. Peu d'instants après toute sa troupe y pénètre également. Les défenseurs de Mantes, terrifiés,

---

1. Ce siège fut levé quelques jours après. La tour de Rolleboise ne fut rendue qu'en 1365 au roi, qui s'empressa de la faire démolir.

sont tués sans avoir le temps de se reconnaître ou se
hâtent de fuir. Quelques-uns s'embarquent sur la
Seine avec quelques riches bourgeois et remontent
à force de rames jusqu'à Meulan. Pendant ce temps
les Bretons avides et brutaux de du Guesclin, qui
n'ont pas reçu leur solde depuis plusieurs mois, se
dédommagent en pillant la ville et n'épargnent pas
plus les habitants que les biens. Ce n'est que vers le
soir, et lorsque ces soudards n'ont presque plus rien
à prendre, presque plus personne à maltraiter ou à
outrager, que leur chef peut les faire rentrer jusqu'à
un certain point dans l'ordre. Telles sont alors les
mœurs militaires, même dans les armées royales. Le
lendemain et les jours suivants les châteaux et petites villes fortes de la dépendance de Mantes sont
également emportés et ne sont pas traités plus hu-
mainement. Enfin le 11 avril du Guesclin va donner
l'assaut à Meulan, qui, cernée de toutes parts, capi-
tule et subit aussi, sans qu'il puisse l'empêcher, le
plus affreux pillage.

Ces éclatants succès arrivaient bien à point pour
célébrer l'avènement d'un nouveau roi de France.
Jean II, qui sans le vouloir avait fait tant de mal à
son pays, était mort à Londres dans la nuit du 8 au
9 avril. Le dauphin, qui lui succéda immédiatement
sous le nom de Charles V, commençait, grâce à du
Guesclin, sous d'heureux auspices le règne répara-
teur qui lui a valu le surnom de *Sage*. Désormais ce
génie calme, patient, résolu, allait pouvoir travailler
sans relâche au relèvement et à la libération de la
France. Dès cette époque, bien qu'il eût, sans parler
de ses frères (les ducs d'Anjou, de Berry, de Bourgogne) ni de son beau-frère (le duc de Bourbon),
nombre de serviteurs dévoués et d'habiles lieute-

CHARLES V, DIT LE SAGE.

nants, il songeait à faire du capitaine Bertrand l'ins-
trument principal de sa politique. A peine eut-il pris
possession du trône, qu'il courut le rejoindre, le ré-
compensa richement de ses derniers exploits et l'aida
à concerter les meilleurs moyens d'exterminer les
bandes navarraises. Puis, ayant visité avec lui une
partie de la Normandie, il retourna à Paris vers la
fin d'avril pour célébrer les funérailles de son père
et aller ensuite se faire sacrer à Reims.

Les Français avaient bien engagé la lutte. La
ligne de la Seine, grande route de Paris à Rouen,
était à peu près dégagée. L'ennemi n'y occupait plus
guère que Vernon, et cette place ne suffisait pas pour
couper les communications de l'Ile-de-France avec la
Normandie. Mais il s'en fallait de beaucoup que les
Navarrais eussent perdu toute chance de vaincre.
C'est à ce moment même, en effet, que le captal de
Buch, après de longs préparatifs, débarquait enfin
à Cherbourg avec ses bandes gasconnes. Quelques
jours lui suffirent pour se rendre à Evreux, dont il
fit son quartier général. Là se réunirent, outre d'anciens lieutenants de Charles le Mauvais, tels que
Pierre de Sacquenville et Guillaume de Gauville,
échappés de Meulan, des aventuriers depuis longtemps redoutés des populations normandes, le Bascon de Mareuil, Jean Jouel, Robert Sercot, Jacques
Plantin, etc. Chacun avait amené sa petite troupe.
Bientôt Jean de Grailly se vit à la tête de plus de
1500 soldats, dont 700 hommes d'armes et 300 archers, tous gens éprouvés et qui tenaient ferme en
bataille. Le roi ne pouvait lui opposer qu'un nombre
à peine supérieur de combattants (de 2000 à 2500).
Charles V avait dû, lui aussi, enrôler des routiers. Il
avait notamment engagé le célèbre Arnaud de Cer-

voles, dit l'Archiprêtre, brigand sans foi ni loi sur la fidélité duquel il n'y avait guère moyen de compter. Il se pouvait fort bien que ce capitaine tournât au moment décisif contre le roi qui l'avait payé et se prononçât avec ses soldats, Gascons comme lui, pour le captal, son compatriote. En somme le général navarrais était plein d'espoir, et tout le monde autour de lui partageait sa confiance. Le 13 mai les deux reines Jeanne et Blanche de Navarre, veuves de Charles IV et de Philippe VI, et qui tenaient pour Charles le Mauvais, dont elles étaient l'une la tante, l'autre la sœur, lui donnèrent une grande fête au château de Vernon et célébrèrent d'avance sa victoire. La première, qui malgré ses cinquante ans passés nourrissait l'espoir de plaire à Jean de Grailly, lui donna même un baiser. Trois jours après le captal était battu. Son armée n'existait plus et lui-même était prisonnier.

Le chef des Navarrais avait entendu dire que les Français, qui s'étaient assemblés à Rouen, voulaient passer la Seine à Pont-de-l'Arche pour attaquer le comté d'Evreux. Son premier mouvement fut de se porter vers le fleuve pour les empêcher de le franchir. Mais dès le 14 mai le héraut anglais Faucon, qui venait de les quitter, lui apprit qu'ils avaient déjà dépassé Pont-de-l'Arche[1]. Il lui dit aussi qu'ils étaient environ 1500, et que non seulement Arnaud de Cervoles, mais un des plus grands seigneurs de l'Aquitaine, le sire d'Albret, servait parmi eux. « Par ma foi, s'écria le captal, Gascons contre Gascons s'éprouveront. » Et Faucon lui ayant dit que le roi de France était parti pour se faire sacrer : « Je pourrai

1. Entre Rouen et Louviers, département de l'Eure.

bien, repartit-il, avec l'aide de Dieu et de saint George, prévenir son couronnement. » En attendant il ne savait trop où se porter pour atteindre l'ennemi et il errait entre Vernon, Evreux et Pacy[1], ne sachant trop sur lequel de ces trois points se dirigeait du Guesclin. Dans son incertitude, il finit par prendre une bonne position, à peu près à égale distance des trois villes qu'il voulait protéger. Il s'établit dans la journée du 15 mai et se retrancha fortement près du village de Cocherel, sur une hauteur dominant la rive droite de l'Eure, avec la résolution bien arrêtée de ne pas descendre en plaine si l'ennemi venait l'attaquer et de conserver l'avantage du terrain. A ce moment du Guesclin, qui, tout en lui dérobant sa marche, n'avait perdu, grâce à ses éclaireurs, aucun des mouvements des Navarrais, arrivait en face de lui et campait de l'autre côté de l'Eure, entre cette rivière et son affluent l'Iton. Une bataille était inévitable. Chacun s'y prépara de son mieux.

Le 16 au matin les chefs de l'armée française se réunirent et délibérèrent sur le choix à faire d'un commandant suprême auquel tous devraient aveuglément obéir pendant l'action. On offrit tout d'abord cette dictature au plus noble. C'était Jean de Châlon, comte d'Auxerre, homme de mérite mais soldat modeste, qui refusa absolument un honneur dû, selon lui, au seul du Guesclin. C'est donc sur ce dernier que se portèrent tous les suffrages. Il fut convenu qu'il rangerait l'armée, que sa bannière servirait de point de ralliement et que les troupes marcheraient au cri de : *Notre-Dame Guesclin !* Bertrand

---

1. Ces trois villes sont situées dans le département de l'Eure, la première sur la Seine, la seconde sur l'Iton, la dernière sur l'Eure.

prit aussitôt ses dispositions. Au moment de combattre il ne trouva pas l'Archiprêtre, qui s'était prudemment retiré à quelque distance, attendant le résultat de la journée pour se prononcer en faveur du vainqueur. Il ne lui restait en somme que mille ou douze cents combattants. Mais il en fit un merveilleux usage. Tout d'abord il franchit l'Eure sans difficulté et porta le gros de ses troupes, en bon ordre, droit vers l'ennemi. Il s'agissait de l'attirer en plaine, car il ne fallait guère songer à le forcer sur la hauteur, où l'armée anglo-navarraise, tout entière de front en trois divisions, attendait l'assaut de pied ferme. Un peu en arrière, au sommet du coteau, se tenait, comme un défi vivant, le Bascon de Mareuil, gardant avec ses hommes la bannière du aptal plantée en terre. Plus les Français avançaient, moins Jean de Grailly faisait mine de bouger. C'est alors que du Guesclin donna l'ordre à ses colonnes d'attaque de se replier vivement, comme si elles ne pouvaient tenir devant les archers navarrais. Sans se douter du stratagème, un des principaux lieutenants du captal, l'anglais Jouel, s'ébranla aussitôt avec sa division et se rua vers les terrains bas. Son chef, ne pouvant le retenir, ne voulut pas du moins le laisser seul engagé. Toute l'armée le suivit et se porta vers la rivière. Mais déjà Bertrand s'était retourné et chargeait terriblement de front les Anglo-Navarrais, qui, surpris de ce revirement et n'ayant plus l'avantage de la position, ne tardèrent pas à se troubler. Ils faisaient toutefois encore bonne contenance, lorsque tout à coup deux cents cavaliers bretons, que le général français avait détachés avant l'action par un chemin détourné, les attaquèrent de flanc. Saisis de terreur et se croyant cernés, la plupart lâchèrent pied et commencèrent à fuir sur la route de Pacy. Ceux qui tinrent bon furent tués ou pris. Le Bascon de Mareuil et bien d'autres routiers périrent. Jean de Grailly dut rendre son épée à un homme d'armes breton. Les vainqueurs poursuivirent les fuyards en diverses directions, jusqu'à plusieurs lieues de Cocherel. Le soir de cette journée mémorable, l'armée de Charles le Mauvais était, on peut le dire, anéantie. Elle avait perdu, outre son chef, plus de la moitié de son effectif. Tout le reste était dispersé. C'est ainsi que du Guesclin avait répondu à la confiance de Charles V.

Le roi était aux portes de Reims quand deux courriers, expédiés en toute hâte du champ de bataille, lui annoncèrent la victoire. La cérémonie du sacre (19 mai) dut à cette glorieuse coïncidence un éclat extraordinaire. Mais Charles ne s'attarda point aux fêtes, comme eût fait son père. Il avait hâte de revoir son heureux lieutenant et de recueillir tous les bons résultats d'une guerre si bien conduite. Dans les derniers jours de mai il était déjà en Normandie, où il prenait possession de diverses places navarraises. Il y faisait en même temps bonne justice de quelques sujets français qui avaient servi Charles le Mauvais et qui, ayant été pris les armes à la main, ne méritaient que la mort. Quelques rebelles avaient déjà été décapités par ses ordres après la prise de Meulan. D'autres, et parmi eux un des principaux agents du roi de Navarre, Pierre de Sacquenville, subirent le même sort après la journée de Cocherel. Amis et ennemis durent s'apercevoir que, pour n'être point homme de guerre, Charles V savait pourtant agir en maître, et qu'il ne serait pas toujours bon vis-à-vis de lui de jouer à la révolte et à la trahison.

Du Guesclin, qui avait si bien mérité de la France, reçut des marques sensibles de la reconnaissance royale. Le vaste et riche comté de Longueville (en Normandie), confisqué sur la maison de Navarre, lui fut adjugé. L'acquisition d'un tel domaine l'égalait à un prince du sang. Le pauvre châtelain de la Motte-Broons, le seigneur paysan des landes bretonnes, que sa terre pouvait à peine nourrir, avait fait en soldat loyal et patriote une fortune que les plus fameux routiers, dans leurs brigandages, ne pouvaient surpasser. Et l'avenir lui réservait encore de plus grands honneurs, parce que son infatigable dévouement réservait à la France de plus grands bienfaits.

Suivant son habitude, Bertrand ne prit guère le temps de se reposer. La bataille de Cocherel avait eu lieu le 16 mai. Dès le mois de juin il était en campagne dans le Dunois[1] avec le duc de Bourgogne, frère du roi, et prenait la forteresse de Marchelainville. Peu après il guerroyait dans la Beauce avec le même prince et s'emparait de Chamerolles, près de Pithiviers[2]. Puis, se séparant de lui, il allait en juillet pourchasser des compagnies navarraises jusqu'au fond du Cotentin et enlevait l'importante ville de Valognes. On l'appelait de tous les côtés et il répondait à tous les appels. En août, une petite armée royale qui assiégeait le château d'Échauffour, près du Merlerault (dans le comté d'Alençon[3]), dut invoquer son aide pour en avoir raison. Vainement les machines battaient les murailles de cette forteresse; vainement

1. Territoire dont Châteaudun était le chef-lieu. C'est une partie du département d'Eure-et-Loir.
2. Département du Loiret.
3. Département de l'Orn

trois mille énormes pierres avaient été lancées dans la place. Du Guesclin parut, et elle se rendit presque aussitôt.

Cette expansion belliqueuse, grâce à laquelle il était tout à tous et se multipliait pour ainsi dire, le porta, vers la fin d'août ou le commencement de septembre, à offrir ses services à son suzerain de Bretagne, qui en avait grand besoin. Nous le voyons en effet à cette époque s'engager dans l'armée de Charles de Blois pour une campagne qui devait être aussi glorieuse que celle de Cocherel, mais qui allait avoir une fin moins heureuse. La guerre avait recommencé depuis plusieurs mois dans la péninsule armoricaine. Les deux compétiteurs au duché n'avaient pu s'entendre sur l'arrangement que leur proposaient à la fois le roi de France et le prince de Galles ; chacun d'eux avait repris les armes. Les hostilités, il est vrai, s'étaient bornées, pendant tout le printemps et la plus grande partie de l'été, à des escarmouches et à des surprises insignifiantes. Mais au mois de septembre la guerre devint sérieuse, et l'on put de part et d'autre espérer une action décisive.

A ce moment Jean de Montfort, à la tête d'environ trois mille hommes, assiégeait Auray, petite place située à l'ouest de Vannes [1], tout à fait isolée parmi les possessions du parti anglais, et qui ne pouvait tenir devant de pareilles forces si elle n'était secourue. Charles de Blois pendant ce temps était à Guingamp [2], où il avait donné rendez-vous à tous ses fidèles. Ce prince, qui se battait comme un lion, n'avait aucune des qualités nécessaires à un général. Il

1. Département du Morbihan.
2. Département des Côtes-du-Nord.

ne savait ni ordonner ses troupes, ni prévoir les mouvements de l'ennemi, ni trouver de ces stratagèmes qui font gagner les batailles. C'était un paladin naïf, de l'école du roi Jean II, fonçant la lance au poing tout au plus fort de la mêlée et n'ayant pour tactique, comme beaucoup de chevaliers de ce temps-là, que de se jeter personnellement dans le péril sans trop s'inquiéter de ses compagnons. Hors des combats ce n'était plus même un soldat : c'était un moine, et la dévotion l'absorbait entièrement. Il priait pour ses ennemis et se ruinait en aumônes. Une forte partie de son temps se passait à faire dire des messes pour ceux de ses partisans qui avaient péri en le servant. Il s'imposait les mortifications et les pénitences les plus cruelles. Il portait un cilice, se meurtrissait la chair, jeûnait la moitié de l'année. Un jour, en plein hiver, on l'avait vu pieds nus dans la neige porter la châsse de saint Yves de la Roche-Derrien à Tréguier, sur un espace de plus de deux lieues. Une dévotion si ardente lui avait valu dans toute la Bretagne un grand renom de sainteté ; mais ses amis pouvaient lui reprocher avec quelque raison de trop négliger ses intérêts terrestres pour s'occuper du ciel. Il est certain qu'il laissait parfois échapper des avantages qu'un esprit moins extatique, du Guesclin par exemple, se fût empressé de saisir. Sa négligence, depuis la reprise des hostilités, lui avait déjà valu quelques échecs partiels. La lenteur avec laquelle il se porta au secours d'Auray donna le temps à Montfort de faire capituler cette place. Des actes authentiques prouvent, contrairement aux récits des chroniqueurs, qu'elle s'était rendue lorsque l'armée franco-bretonne se mit en mouvement. C'était une chance de moins pour Charles de Blois. Mais il commandait un beau corps de troupes, trois mille hommes au moins. Il menait avec lui le vainqueur de Cocherel, les comtes de Joigny et d'Auxerre, renommés pour leur bravoure, et peut-être la meilleure partie de la noblesse bretonne. Enfin il avait une inébranlable foi dans sa cause et ne doutait pas de son prochain triomphe. Aussi, lorsque le 28 septembre il déboucha, par Josselin et les landes de Lanvaux, dans la campagne d'Auray et qu'en avant de cette ville il vit les campements de son adversaire, sa résolution de livrer bataille était-elle irrévocable. Vainement des négociations furent-elles entamées par un de ses plus fidèles partisans, le sire de Beaumanoir. Au fond le duc ne voulait pas de traité. Il repoussa tout arrangement tendant à un partage de la Bretagne ou à un dédommagement pécuniaire pour son rival. L'âme dure et intraitable de Jeanne de Penthièvre semblait avoir passé dans la sienne. On accepta donc des deux parts le combat comme inévitable. Mais dans l'un et l'autre camp les seigneurs, las de cette interminable guerre, résolurent, dit-on, d'en finir en ne faisant aucun quartier les uns à Jean de Montfort, les autres à Charles de Blois.

Le 29 au matin les deux armées en vinrent aux mains avec un entrain farouche que surexcitait le souvenir de vingt ans de batailles. Malheureusement pour les Français, du Guesclin n'eut point comme à Cocherel le commandement suprême. Le duc, qui se faisait illusion sur ses propres talents, le garda pour lui-même. Il partagea assez confusément le gros de ses forces en trois corps qui durent faire front à l'ennemi. Le premier fut confié au comte de Longueville, lui-même se mit à la tête du second, et les comtes de Joigny et d'Auxerre furent chargés du troisième. Une réserve peu considérable (tout le monde voulait être au premier rang) demeura un peu en arrière sous les sires de Retz, de Rieux et d'autres seigneurs bretons. On remarquera que l'armée de Charles de Blois ne comptait pas d'autre capitaine de marque que du Guesclin, et il était relégué au second rang. Dans l'autre les talents militaires affluaient. Les routiers les plus renommés et les plus redoutables s'étaient réunis devant Auray. Jean Chandos, gentilhomme anglais non moins habile que brave, commandait réellement en chef, tout en rendant de grands honneurs à Montfort. Les forces anglaises furent, elles aussi, mais avec beaucoup d'ordre, rangées en trois divisions, la première sous Robert Knolles, la seconde sous Eustache d'Auberchicourt et Olivier de Clisson, jeune seigneur breton qu'on avait surnommé le *boucher*, tant il était ardent au carnage, la troisième enfin sous Chandos et Jean de Montfort. La réserve, plus considérable que celle des Français, fut aussi mieux dirigée. Elle eut en effet pour chef Hugh de Calverly, et ce dernier reçut mission d'opérer, en le dissimulant de son mieux, un mouvement tournant qui devait décider de la victoire. Dès le début la mêlée fut terrible entre les corps de du Guesclin et de Charles de Blois d'une part, et ceux de Knolles et de Chandos de l'autre. Les hommes d'armes avaient raccourci leurs lances pour s'en servir plus commodément. Les lances brisées, on en vint aux épées et aux haches, et alors commença une effroyable tuerie. Clisson, qui faisait face à Joigny et à Auxerre, eut un œil crevé, mais ne se retira pas pour cela du champ de bataille. Il redoubla au contraire d'acharnement, si bien que les deux comtes, grièvement blessés, se rendirent prisonniers. Leur division, déjà presque enfoncée, se mit en pleine déroute. Les troupes de du Guesclin et de Charles de Blois avaient tenu ferme jusque-là. Mais prises en flanc, enveloppées par des forces supérieures, elles commencèrent à fléchir. Calverly, débouchant tout à coup avec des troupes fraîches sur les derrières de l'armée française, rendit la défaite irréparable. Le duc de Bretagne, ne voulant pas survivre à sa fortune, se fit tuer en combattant. Le comte de Longueville, qui cherchait la mort en la donnant de toutes parts, ne put la trouver. Les Anglais, qui le serraient de près, l'avaient reconnu. Ils voulaient à tout prix l'avoir vivant, pour tirer de lui une riche rançon. Quand il vit tous les siens morts ou prisonniers et que la résistance ne fut plus possible, il se rendit en frémissant de rage, et les vainqueurs ne furent pas moins fiers de l'avoir capturé que d'avoir à jamais ruiné le parti de Blois. Le comte de Montfort, qui avait cherché son adversaire dans la mêlée, se reposait après l'action sous un arbre, lorsqu'on vint lui dire que Charles avait péri et qu'on avait reconnu son corps. Il courut aussitôt le voir, le trouva criblé de blessures, déjà dépouillé, et s'attendrit, dit-on, sur le sort de ce malheureux prince. Chandos, qui n'était sensible qu'à la victoire, le détourna de ce spectacle. Mais peu après Montfort fit pieusement relever les restes de son rival et ordonna qu'on les transportât à Guingamp, où ils furent honorablement ensevelis.

Après la journée d'Auray le parti français ne pouvait plus se faire d'illusions : la Bretagne était perdue pour lui. Le duc d'Anjou, envoyé par son frère, put s'en convaincre par ses yeux. Charles V, qui avait ressenti comme tous les bons Français le malheur de son allié, se hâta du moins de conjurer par ses

négociations les contre-coups fâcheux que cette défaite aurait pu produire à l'intérieur du royaume.
Les ressources manquaient pour recommencer la
guerre de Bretagne. Charles le Mauvais, enhardi,
continuait la guerre de Normandie, qui, grâce à l'absence de du Guesclin, pouvait prendre pour lui une
bonne tournure. Le roi de France se hâta donc de
traiter, à des conditions modérées, avec ses deux ennemis. S'il ne recueillit pas tous les avantages que la
bataille de Cocherel lui avait fait espérer, il évita une
bonne partie des sacrifices que celle d'Auray pouvait
lui faire craindre. Ses envoyés, Jean de Craon, ar-
chevêque de Reims, et le maréchal Boucicaut, conclurent dès le 17 novembre avec Montfort les préli-
minaires de la paix, qui ne fut définitivement signée
que le 12 avril suivant à Guérande[1]. L'arrangement
avec le roi de Navarre eut lieu le 6 mars 1365. Ces
deux traités rapportaient en somme à Charles honneur et profit. Si Montfort était reconnu duc de Bretagne, ce n'était du moins qu'à condition de rendre
hommage au roi de France et de se comporter en
vassal fidèle. Jeanne de Penthièvre gardait, avec le
vaste comté dont elle portait le nom[2], la vicomté de
Limoges, qui lui venait de son aïeul. Enfin la Bretagne elle-même pouvait revenir à ses enfants si Jean
ne laissait pas de postérité légitime. Quant à Charles
le Mauvais, il conservait sans doute le comté d'É-
vreux et ses places du Cotentin, mais il perdait définitivement les villes de Mantes, Meulan, Vernon, etc.,
en échange desquelles il acquérait Montpellier.

1. Un peu au nord de l'embouchure de la Loire, département de la
Loire-Inférieure.
2. Le comté de Penthièvre comprenait une assez grande partie du
département actuel des Côtes-du-Nord.

On voit que Charles V, toujours sage, avait su s'accommoder aux circonstances, diminuer ses prétentions et se réduire au possible. Au fond, il avait obtenu un succès incontestable : la Bretagne et la Normandie étaient pacifiées. L'Angleterre avait deux prétextes de moins pour troubler la France. Le roi, tout en réorganisant savamment l'administration, pouvait dès lors préparer à loisir la revanche nationale du traité de Brétigny. Mais avant de songer à expulser les Anglais il fallait purger le royaume des compagnies qui le pillaient et y rendaient toute police, tout gouvernement impossible. Cette entreprise semblait inexécutable. Mais Charles V connaissait un homme capable de la mener à bonne fin : c'était Bertrand du Guesclin. Il avait hâte de le revoir et de lui confier cette lourde tâche, en attendant qu'il pût le charger de reconquérir les provinces cédées en 1360 à l'étranger. Aussi n'eut-il de satisfaction que lorsqu'il l'eut délivré. Les vainqueurs d'Auray, qui savaient la valeur du comte de Longueville, exigèrent de lui une rançon monstrueuse : cent mille livres (plusieurs millions d'aujourd'hui[1]). Le roi ne réclama pas et fournit de sa bourse les deux cinquièmes de la somme. Nous verrons dans les chapitres suivants que c'était de l'argent bien placé.

---

1. Il faudrait en effet multiplier par 50 ce chiffre de 100 000 livres, pour se .représenter. *approximativement* la valeur actuelle d'une pareille somme.

CHAPITRE III

(1365-1369)

Les traités de Vernon et de Guérande, pas plus
que ceux de Pontoise et de Brétigny, ne déterminèrent les compagnies à poser les armes. Si elles évacuèrent la Normandie et la Bretagne, ce ne fut que
pour refluer vers les territoires du centre, moins ap-
pauvris, et s'y établir comme en pays conquis. La
Bourgogne, le Nivernais, le Bourbonnais, l'Auvergne, le Lyonnais subirent une nouvelle invasion de
barbares. Depuis longtemps, du reste, ces malheu-
ses contrées étaient comme le quartier général du
brigandage en France. Après la bataille de Brignais
(avril 1362) les routiers étaient restés maîtres du
terrain. Le maréchal d'Audrehem avait dû signer
avec eux l'humiliant traité de Clermont. Chaque jour,
pour ainsi dire, les gouverneurs royaux étaient obli-
gés de leur racheter à prix d'or les châteaux qu'ils
avaient surpris ou de les payer chèrement pour obtenir leur retraite. C'était les encourager à revenir.
Aussi revenaient-ils, toujours plus nombreux, toujours plus avides. Si certains chefs, comme le Bas-
cot de Mauléon, ne commandaient qu'à quarante

lances, d'autres, tels que le Gascon Séguin de Badefol, avaient jusqu'à deux mille hommes sous leurs
ordres. Ce dernier occupa dix-huit mois (1363-
1365) la forteresse d'Anse, aux portes de Lyon. Précédemment, plusieurs milliers de brigands, descendant le Rhône, étaient allés forcer Pont-Saint-Esprit,
tout près d'Avignon, où résidait le pape. De là ils
avaient étendu leurs ravages dans tout le Comtat Venaissin. La cour pontificale, depuis cette époque,
était pour ainsi dire bloquée par ces malandrins,
qui ne respectaient pas plus les domaines ecclésias-
tiques que les propriétés séculières. Presque sous les
yeux du souverain pontife ils brûlaient des églises,
massacraient des prêtres, outrageaient des reli-
gieuses et transformaient des abbayes en lieux
d'orgie et de débauche. Aussi le saint-siège n'était-
il pas moins intéressé que le gouvernement royal à
l'extinction du brigandage en France. En 1362 le
pape Innocent VI avait voulu faire passer les routiers
en Italie et leur avait donné de l'argent et des indul-
gences pour aller combattre de l'autre côté des
monts sous la bannière du marquis de Montferrat.
Mais fort peu d'entre eux avaient répondu à son appel.
Ceux mêmes qui avaient bien voulu faire le voyage de
Lombardie n'avaient pas tardé à revenir, trouvant
sans doute que nul pays au monde ne valait la France
pour y exercer leur métier. C'est ce qu'ils pensaient
encore en 1364, quand Urbain V, successeur d'Innocent VI, voulut leur faire entreprendre une croisade et
leur parla d'aller en Hongrie guerroyer contre les
infidèles. Les Calverly, les Badefol, les d'Aubeterre,
les Perrin de Savoie, les Hortingo de la Salle et tant
d'autres soudards célèbres n'étaient guère sensibles
à la gloire de refouler l'islamisme et de mourir pour

la foi. Ils trouvèrent que le Danube était trop loin, répondirent qu'on voulait simplement les envoyer à la boucherie, que, s'ils avaient la naïveté d'aller en Hongrie, pas un d'eux n'en reviendrait. En fin de compte ils refusèrent de partir et continuèrent à désoler le centre et le sud du royaume. Le pape lança contre eux (9 juin 1365) une bulle d'excommunication où étaient relatés et signalés à l'indignation publique leurs principaux méfaits. Le seul résultat de cet acte de vigueur fut de les exaspérer et de leur faire commettre de nouveaux crimes, sous prétexte de représailles. C'est alors que Charles V, d'accord avec le saint-siège, imagina pour les éloigner un nouvel expédient et songea à les faire partir pour l'Espagne.

Ce pays était alors divisé en plusieurs royaumes[1], dont le principal, la Castille, était depuis longtemps en proie à une querelle de succession où les compagnies pouvaient trouver leur profit. En 1350, après la mort d'Alphonse X, son fils Pierre (que l'histoire a surnommé le Cruel) avait été reconnu roi par les Castillans. Mais le nouveau souverain s'était vu bientôt en butte à une ardente compétition. Alphonse X avait laissé plusieurs enfants naturels qui se prétendaient légitimes. L'aîné, Henri, comte de Transtamare, jeune homme entreprenant et ambitieux, n'avait pas tardé à réclamer la couronne. Deux de ses frères, don Tello et don Sancho, avaient vigoureusement appuyé ses prétentions. Pierre en peu de temps s'était aliéné une partie de ses sujets par sa conduite dissolue, son caractère violent et perfide, et surtout la

1. Navarre, Castille, Aragon, Grenade (ce dernier possédé par les Maures), sans compter le Portugal, compris également dans la péninsule Ibérique.

faveur qu'au milieu de ce pays si catholique il accordait aux Maures et aux Juifs. Aussi ne triompha-t-il que péniblement de l'insurrection fomentée par son rival. Il en vint pourtant à bout; et en 1356 Henri de Transtamare fut réduit à passer les Pyrénées en fugitif et vint implorer l'appui du roi de France. Jean II ni son fils n'étaient à cette époque en mesure de le secourir. Le prétendant vaincu mena plusieurs années en Languedoc et ailleurs la vie de routier, rendit quelques services au régent et à son père, et par ses exploits acquit quelque crédit non seulement sur ces deux princes et leurs lieutenants, mais sur les chefs des bandes qui désolaient alors le royaume. Il avait commandé de concert avec le maréchal d'Audrehem en Auvergne pendant l'année 1362. Il était donc en droit d'attendre de Charles V quelque assistance pour l'expédition que depuis si longtemps il projetait de conduire en Castille. Le roi de France avait du reste des griefs personnels contre Pierre le Cruel. Ce dernier avait épousé en 1352 la princesse Blanche de Bourbon, dont la sœur Jeanne était mariée avec le fils aîné de Jean II. Soit qu'il eût eu à se plaindre de sa femme, soit qu'il n'eût fait en la maltraitant que céder à ses mauvais penchants, il est certain qu'il l'avait de bonne heure négligée pour des favorites, dont la plus célèbre, Maria de Padilla, avait fini par obtenir la séquestration de la pauvre reine. Finalement, après avoir souffert bien des humiliations et des violences, Blanche de Bourbon fut en 1361, sur l'ordre de son mari, assassinée dans sa prison par deux juifs, Daniot et Turquant, qui l'écrasèrent sous une poutre. Charles V ne pouvait rester insensible au meurtre de sa belle-sœur, qui était en même temps sa cousine, et l'on conçoit qu'abstraction faite de tout intérêt, de toute reconnaissance, il crût devoir témoigner quelque sympathie au comte de Transtamare. Le prétendant avait aussi pour lui la cour d'Avignon, pour laquelle le roi de Castille, avec sa garde juive, ses alliés et ses conseillers musulmans, n'était qu'un mécréant qui trahissait la chrétienté. Pierre le Cruel, qui avait maltraité les légats pontificaux, répondu par des injures aux objurgations du pape et décliné hautement sa juridiction spirituelle, venait d'être excommunié. On comprend donc qu'Urbain V vît d'un œil favorable les projets de Henri, grâce auxquels il espérait à la fois se débarrasser des compagnies et venger les injures de l'Église.

Le comte de Transtamare et ses deux alliés, le roi de France et le pape, avisèrent vers le milieu de 1365 aux moyens de grouper les bandes qui ravageaient le centre du royaume et d'en faire une armée qui voulût bien passer en Espagne. Le meilleur de tous à leurs yeux fut de faire venir du Guesclin et de le charger de cette tâche difficile. Le comte de Longueville était prisonnier depuis la journée d'Auray. Charles V, comme nous l'avons dit, avança quarante mille écus sur les cent mille qu'on exigeait de lui comme rançon. Urbain V et Transtamare fournirent le reste, ou à peu près. Mais le capitaine breton dut s'engager, tant envers eux qu'envers le roi, à réunir les compagnies et à les emmener de l'autre côté des Pyrénées. Il fut convenu qu'il aurait pleins pouvoirs pour traiter avec elles, et les plus riches récompenses furent promises tant à lui qu'à ses auxiliaires en cas de succès (août-septembre 1365).

Comme on ne voulait pas donner l'éveil à Pierre le Cruel, non plus qu'au gouvernement anglais, qui

aurait bien pu lui venir en aide pour faire pièce à la
France, il fut entendu que le véritable mobile de
l'expédition ne serait pas proclamé, et que les routiers seraient enrôlés — ostensiblement — pour aller combattre les musulmans, encore maîtres à cette
époque d'une partie de l'Andalousie. On donnait
ainsi un faux air de croisade à une entreprise qui
n'avait au fond rien de bien religieux. Du Guesclin,
qui sous sa rudesse de soldat ne manquait pas de
finesse diplomatique, remplit merveilleusement sa
mission près des chefs de bandes qui allaient devenir ses lieutenants. On ne pouvait, du reste, choisir
un négociateur qui eût sur eux plus d'empire. Il les
connaissait tous de longue date, savait le fort et le
faible de chacun d'eux. Pour eux, le comte de Longueville, dont les exploits étaient déjà légendaires
dans toute la France, leur inspirait une admiration
et une confiance sans bornes. Aussi se réjouirent-ils
fort de sa venue et le reçurent-ils à bras ouverts,
lorsqu'il vint les trouver à Chalon-sur-Saône, où la
plupart d'entre eux s'étaient réunis. Le plus célèbre
et le plus influent de tous, Hugh de Calverly, voulut
qu'on le traitât magnifiquement et se déclara d'avance
prêt à le suivre en tous lieux, à moins que ce ne fût
pour combattre le roi d'Angleterre ou le prince de
Galles. La majorité des routiers fit la même réserve,
mais ne montra pas moins d'empressement que
Calverly à s'enrôler sous la bannière de du Guesclin.
Ce dernier porta l'enthousiasme au comble en se
faisant fort d'assurer aux brigands, s'ils voulaient
marcher avec lui, la fortune dans ce bas monde et le
salut dans l'autre. L'excommunication lancée contre
eux récemment serait levée ; leurs exploits futurs seraient bénis. Une guerre courte et facile leur rap-

porterait, en même temps que ces avantages spiri-
tuels, plus d'honneurs et de richesses que bien des
années de pillage ne pouvaient leur en valoir en
France. Du Guesclin, tout en parlant de croisade, ne
laissa pas ignorer que Henri de Transtamare et lui se
proposaient avant tout de renverser Pierre le Cruel.
Mais les capitaines n'étaient pas gens à scrupules, et
l'entreprise n'avait rien qui pût leur déplaire. Quelques-uns, il est vrai, se trouvant bien en France, firent des objections, dirent qu'on voulait les mener
bien loin, qu'ils allaient quitter des avantages certains pour se jeter dans les hasards ; mais la majorité
les entraîna. Bertrand acheva de les subjuguer en
leur promettant de la part du roi de telles sommes,
qu'ils demeurèrent à court d'arguments. Il invita
même plusieurs d'entre eux à se rendre à Paris, où il
retournait pour rendre compte de sa mission. Ils y
allèrent, et Charles V les reçut si bien et leur donna
de tels acomptes qu'ils n'eurent plus qu'à s'exécuter.

Le comte de Longueville fit sans doute d'autres
voyages dans les provinces du centre. Il lui fallut
traiter isolément avec beaucoup de capitaines et subir des exigences pécuniaires tout à fait exorbitantes.
Bertrand, qui avait hâte de les emmener, promit tout
ce qu'ils voulurent. Aussi put-il, dès le mois de novembre, se mettre en mouvement vers le midi à la
tête de plus de 30 000 soldats. Presque tous les routiers de quelque renom avaient consenti à le suivre.
On voyait dans son armée les Anglais Calverly, Robert Ceni, Cressewell, les Allemands Hennequin,
Abrecht Ourri, le Wallon Eustache d'Auberchicourt
et toute la tourbe des aventuriers français et gascons, Robert Briquet, Naudon de Bagerant, Perrin

de Savoie, le Bourc Camus, le Bourc de l'Esparre, le Bourc de Bretcuil, Aimemon d'Ortige, Bertucat d'Albret, etc., etc. Les Bretons, comme il était naturel, étaient accourus en foule à l'appel de du Guesclin : Even Charruel, Ives de Laskouet, bien d'autres encore éprouvés dans vingt campagnes les commandaient. Enfin des seigneurs de grande naissance, comme Robert de Bourbon, comte de la Marche, et le sire de Beaujeu, des chevaliers illustres, comme le Bègue de Villiers, le Bègue de Vilaines, Jean de Neufville, et de hauts dignitaires, comme le maréchal d'Audrehem, avaient quitté momentanément le service du roi de France pour suivre la fortune de du Guesclin et de Henri de Transtamare.

La marche des compagnies vers l'Espagne s'accomplit lentement et non sans désordre. Le comte de Longueville ne pouvait du jour au lendemain obtenir une discipline exacte de ces bandes avides et si fort habituées au pillage. Aussi les provinces qu'elles traversèrent avant d'arriver aux Pyrénées furent-elles cruellement rançonnées. Le pape lui-même, dont la résidence se trouvait sur le passage de l'armée, ne fut pas épargné, s'il faut en croire le trouvère Cuvelier. D'après cet auteur, Urbain V, apprenant que cette horde campait sous les murs d'Avignon, se hâta d'envoyer vers les bandits un cardinal qui n'y alla pas sans crainte. Le premier d'entre eux que rencontra le légat lui demanda s'il n'apportait pas de l'argent. Le représentant du saint-siège ayant prié les chefs de l'armée de lui dire pourquoi ils l'avaient amenée devant Avignon, le maréchal d'Audrehem répondit que les routiers, allant combattre les infidèles, désiraient l'absolution de leurs péchés et, comme complément, un don pontifical de deux cent mille francs. Du Guesclin ajouta que beaucoup d'entre eux se passeraient fort bien de l'absolution, mais que pas un ne décamperait si l'argent ne leur était versé sans délai. Urbain V voulait bien donner sa bénédiction à ces singuliers croisés ; mais l'idée d'être rançonné par eux le mettait hors de lui. Pendant qu'il délibérait, les brigands commencèrent à se répandre et à piller aux alentours d'Avignon, si bien que le saint-père se hâta de leur envoyer cent mille francs, chiffre auquel ils avaient fini par abaisser leurs prétentions. Seulement, il avait levé cette somme sur les bourgeois de la ville. Du Guesclin, l'ayant appris, la renvoya tout aussitôt, exigea qu'elle fût restituée aux contribuables et voulut que la taxe fût exclusivement fournie par le trésor pontifical. Cuvelier lui fait même tenir en cette circonstance un discours fort peu révérencieux pour l'Église. Étant donné le caractère du héros breton, cette anecdote n'a rien d'invraisemblable. Cependant nous devons constater qu'à l'exception du trouvère que nous venons de citer, pas un auteur contemporain ne l'a rapportée.

Quoi qu'il en soit, l'armée des compagnies fit partout beaucoup de mal sur son passage. Autour de Montpellier les routiers, dont la solde était en retard, commirent de tels dégâts, que cette cité s'empressa de leur donner dix mille livres pour les faire partir. Beaucoup de paysans, du reste, et d'indigents des villes quittaient femmes et enfants et venaient chaque jour, en se joignant aux bandes de du Guesclin, augmenter le nombre des pillards et des maraudeurs. Le roi d'Aragon Pierre IV, qui pour quelques griefs qu'il avait contre le roi de Castille, avait fait alliance avec Henri de Transtamare et lui avait promis de lui laisser le passage libre à travers

ses États, ne vit pas sans terreur cette cohue pénétrer
sur ses terres. Perpignan, qui lui appartenait et qui
avait été désigné aux compagnies comme rendez-
vous général, ne fut pas mieux traité que Montpellier.
Pierre IV dut faire à ces hôtes peu délicats les honneurs de son royaume. Il leur donna des fêtes, les
reçut en amis à Barcelone (janvier 1366), fit placer
du Guesclin à sa droite dans des banquets et prit soin
que partout l'armée fût abondamment pourvue de
vivres. Ce passage lui coûta cher. Mais en donnant
de bonne grâce il prévint de plus grandes pertes et,
faisant une large part aux besoins des soldats, il put
jusqu'à un certain point maîtriser leurs brutales
fantaisies.

Tant qu'avaient duré les préparatifs de l'expédition, Pierre le Cruel n'avait guère conçu d'inquiétudes. Il ne soupçonnait pas sans doute l'importance
de cet armement. Peut-être aussi croyait-il à une
vraie croisade contre les Maures de Grenade. Mais
quand il sut que les compagnies avaient passé les
monts, que Henri de Transtamare les guidait et
qu'elles approchaient des frontières de Castille, il ne
put guère douter du danger qui le menaçait. Il se
rappela que jadis on lui avait prédit la venue en Espagne d'un aigle né en Bretagne. Cet aigle, n'était-ce
pas du Guesclin? Saisi des plus sombres pressentiments et plein de méfiance, car il se sentait haï, il
s'enferma dans Burgos, où il se fit garder par des
juifs, au lieu de marcher droit à l'ennemi. Du Guesclin, pendant ce temps, avançait toujours. Bientôt
les compagnies débouchèrent dans la Castille et emportèrent d'assaut les petites places qui en défendaient l'entrée. Partout les juifs, qui se défendaient
avec plus d'acharnement que le reste des habitants,

DU GUESCLIN ET LE LÉGAT DU PAPE.

furent passés au fil de l'épée. Pierre semblait frappé
d'aveuglement et de folie. Deux bourgeois de Bri-
viesca[1] étant venus lui annoncer la prise de leur ville,
il les fit pendre comme imposteurs et traîtres. Puis,
la nouvelle étant confirmée, il tomba dans le dernier
abattement et s'enfuit de Burgos à Tolède[2], où du
reste il n'allait pas faire un fort long séjour. C'était
de gaieté de cœur abandonner le trône à son rival.

Henri de Transtamare s'était déjà fait proclamer roi
en pénétrant en Castille. Dès qu'il sut que Pierre
avait quitté sa capitale, il y courut pour y prendre
solennellement la couronne. A son approche les habitants de Burgos, convoqués par leur évêque, délibérèrent sur le parti à prendre. Cette population comprenait non seulement des chrétiens, mais un assez
grand nombre de juifs et de musulmans. Chaque ordre
examina séparément la situation et tous s'accordèrent à demander que les portes fussent ouvertes au nouveau roi. En conséquence, les bourgeois et le clergé
se portèrent en foule au-devant de Henri, qui fit
dans la ville une entrée triomphale et reçut le serment
de la plupart des grands et des dignitaires de Castille,
(5 avril 1366). Du Guesclin, qui avait été à la peine,
ne fut pas oublié à l'honneur. Transtamare proclama
hautement qu'il lui devait sa couronne. La reine sa
femme, qui arriva quelques jours après, descendit
de sa mule dès qu'elle aperçut le grand capitaine
breton et lui adressa devant la foule les plus hum-
bles remerciements. La popularité de Bertrand fut,
dès ce moment, presque aussi grande en Espagne
qu'en France. Chacun voulait le voir et chacun, à
l'exemple des sœurs de Henri, était frappé du con-

1. Vieille-Castille, à 25 kilomètres N.-E de Burgos.
2. Sur le Tage, dans la Nouvelle-Castille.

traste que formaient avec sa laideur physique et son
extérieur grossier ses hautes qualités morales et militaires.

Ce n'était pas l'habitude de du Guesclin de s'attar-
der aux fêtes après la victoire. Pour lui rien n'était
fait tant qu'il restait quelque chose à faire. Henri de
Transtamare avait Burgos et le nord de la Castille ;
mais Pierre le Cruel avait encore le sud, où, grâce à
ses trésors, il eût pu longtemps entretenir la guerre.
Il est vrai qu'il ne songeait qu'à fuir. Quand les compagnies approchèrent du Tage, il quitta précipitam-
ment Tolède, où son frère entra aussitôt sans diffi-
ficulté. Cordoue, qu'il gagna ensuite, ne lui parut
bientôt plus un asile assez sûr. Il courut jusqu'à
Séville. S'il faut en croire Cuvelier, il essaya alors de
négocier, mais ses principaux conseillers l'abandonnèrent ; quelques-uns même le trahirent. Daniot et
Turquant, meurtriers de Blanche de Bourbon, auraient, d'après le trouvère, essayé d'acheter l'indul-
gence du nouveau roi en lui livrant l'ancien ; les Juifs
de Séville, d'accord avec eux, auraient projeté d'ouvrir la ville à Henri ; mais une jeune fille de leur
religion aurait, par amour, révélé le complot à Pierre
le Cruel, qui se serait hâté de prendre la fuite. D'autres disent qu'une émeute éclata contre le souverain
détrôné, qu'il fut assiégé dans le palais de l'Alcazar
et que, désespérant de pouvoir résister, il s'enfuit secrètement avec son ministre Fernand de Castro et ses
deux filles Constance et Isabelle. Ce qu'il y a de certain, c'est qu'il quitta Séville après avoir fait em-
barquer son trésor, qui se composait de trente-six
quintaux d'or et d'une énorme quantité de pierreries
On crut qu'il avait passé en Portugal ; mais on su
depuis qu'il n'avait pas été reçu dans ce pays, et qu'à

travers les provinces du centre et du nord de l'Espagne il était parvenu à gagner la ville maritime de la Corogne, en Galice.

Henri de Transtamare n'apprit probablement pas sans peine l'évasion de son frère. S'il l'eût pris, il se fût empressé sans doute de le faire mettre à mort. Ne l'ayant pu saisir, il mit du moins la main sur les richesses de Pierre le Cruel, qui lui furent livrées par l'Espagnol Martin Yanez et le Génois Boccanegra. Il y avait là de quoi récompenser bien des dévouements. Presque tout fut distribué aux routiers. Les chefs des compagnies, gorgés d'or, furent aussi comblés d'honneurs et pourvus de riches domaines. Hugh de Calverly devint comte de Carrion. Quant au comte de Longueville, il reçut du nouveau roi le fief de Transtamare, qui fut pour lui érigé en duché. Là du reste ne devaient pas se borner les libéralités de Henri. Le roi d'Aragon crut aussi devoir témoigner sa reconnaissance à du Guesclin : il lui donna le comté de Borja, qu'il venait récemment d'acquérir.

Le premier soin de Pierre le Cruel, quand il fut à la Corogne, où il ne pouvait demeurer longtemps en sûreté, ce fut d'écrire au prince de Galles, qui résidait alors en Aquitaine, pour l'informer de sa chute et lui demander du secours. Il ne doutait pas que le gouvernement anglais ne s'empressât, à sa requête, d'intervenir en Espagne pour y combattre l'influence française. Il était parfaitement dans le vrai. Il savait du reste que la plupart des routiers engagés par du Guesclin étaient des sujets d'Édouard III et que, liés envers ce souverain ou envers son fils par un serment, ils quitteraient le service du roi Henri dès qu'ils en recevraient l'ordre de Bordeaux ou de Londres. Le prince, qui n'avait pu voir sans déplaisir Charles V débarrasser son royaume des compagnies et disposer d'une couronne de l'autre côté des Pyrénées, accueillit favorablement la supplique du roi déchu. Ce dernier fut invité à se rendre en Aquitaine. En septembre il était à Bayonne, ville anglaise, où de grands honneurs lui furent rendus. Le fils aîné d'Édouard vint au-devant de lui jusqu'à Cap-Breton[1]. A Bordeaux il le logea tout près de lui, dans l'abbaye de Saint-André, le défraya de tout et s'occupa activement de réunir des troupes et de l'argent pour le ramener dans ses États. Il n'avait pas, d'ailleurs, attendu son arrivée pour rappeler d'Espagne les compagnies anglaises et gasconnes. Dès les premières plaintes du roi détrôné, il avait enjoint aux capitaines de sa dépendance qui servaient sous du Guesclin de venir reprendre leur service auprès de lui. Les Calverly, les Bertucat d'Albret, les Auberchicourt, bref les trois quarts des chefs de bandes qui avaient jusqu'alors secondé Henri de Transtamare se détachèrent de lui, sous divers prétextes, dans le courant de l'été et regagnèrent promptement les Pyrénées. Quand le nouveau roi de Castille sut le vrai motif de leur départ, il était trop tard pour les retenir. Le roi d'Aragon refusa, il est vrai, de les laisser passer. Ils traversèrent malgré lui ses États, ravagèrent tout le Languedoc, battirent près de Montauban les troupes de Charles V et se trouvèrent vers la fin de l'année réunis en Aquitaine, tout prêts à repasser en Espagne pour renverser ce même Henri qu'ils venaient de faire roi.

Édouard III, consulté par son fils, ne se borna pas à approuver son projet de restaurer Pierre le Cruel.

---

1. Département des Landes, arrondissement de Dax.

Il lui fournit pour cette entreprise une somme considérable et lui envoya le duc de Lancastre[1] avec quatre cents hommes d'armes et quatre cents archers. Le prince de Galles s'assura d'autre part le concours des seigneurs d'Aquitaine, qui, sans aucune sympathie pour l'ex-roi de Castille, dont les crimes leur étaient connus, se laissèrent séduire par ses promesses. Le sire d'Albret, à lui seul, se fit fort d'amener mille lances. Les comtes d'Armagnac, du Périgord et la plupart des grands vassaux du duché s'engagèrent aussi à servir avec leurs hommes. Jean Chandos arriva du fond du Cotentin avec plusieurs centaines de soldats. Enfin, comme il fallait pouvoir pénétrer sans obstacle en Espagne, le prince entama des négociations avec le roi de Navarre, qui vint à Libourne[2] s'entendre avec lui aussi bien qu'avec Pierre le Cruel et promit le passage à l'armée anglaise à travers ses États. Il est vrai que Charles le Mauvais, qui ne faisait rien pour rien, exigea pour ce service un don de deux cent mille florins, la cession de trois villes (Logroño, Salvatierra, Saint-Jean-Pied-de-Port) et la reconnaissance d'une créance de 550 000 florins sur la Castille.

Pendant que ces préparatifs avaient lieu en Aquitaine, le roi Henri se disposait à se bien défendre. Il faisait appel, dans tous ses États, aux milices communales aussi bien qu'au ban et à l'arrière-ban féodal. Il eut ainsi jusqu'à soixante mille hommes sous les armes. Mais c'étaient pour la plupart des *géné-*

1. Ce prince, qui était le troisième fils d'Édouard III, ne doit pas être confondu avec le Lancastre, descendant de Henri III, dont il a été question au commencement de cette histoire et qui était mort en 1361, sans enfants mâles.
2. Département de la Gironde.

taires (cavaliers armés à la légère) ou des fantassins mal disciplinés, incapables les uns et les autres de résister à la grosse cavalerie du prince de Galles et aux archers anglais. Aussi retint-il à son service celles des compagnies qui n'avaient pas encore quitté l'Espagne. C'étaient principalement les bandes bretonnes, qui, sous Sevestre Budes, Alain de Saint-Pol, Yvon de Laskouet, etc., suivaient depuis longtemps du Guesclin et s'étaient attachées à sa fortune. Quant à Bertrand, il va sans dire qu'il resta tout dévoué à la cause de Henri et qu'il fit de son mieux pour prévenir une catastrophe que la défection des compagnies anglaises rendait sinon certaine, du moins assez probable. On le voit à cette époque demander un congé au roi de Castille et se rendre en Languedoc, où, grâce au duc d'Anjou, gouverneur de cette province, il se procure de l'argent et lève des troupes de toutes parts. Lorsqu'il retourne en Espagne, à la fin de 1366 ou au commencement de l'année suivante, il emmène 3000 bons soldats. Mais ce ne sera pas encore assez pour lutter avec avantage contre la magnifique armée du prince de Galles.

Ce dernier aurait pu sans doute partir en décembre; mais il attendait la délivrance de la princesse sa femme, qui lui donna un fils dans les premiers jours de janvier[1]. Il quitta Bordeaux le 10 et se rendit à Dax. Arrivé là, il s'arrêta et demeura plus d'un mois à attendre, en même temps que de l'argent promis par son père, son frère le duc de Lancastre et quelques seigneurs d'Aquitaine avec leurs hommes. Il n'osait du reste, à cette époque, pousser plus avant, à cause des soupçons que l'attitude peu

---

1. Ce fut plus tard le roi Richard II.

franche du roi de Navarre avait fait naître en lui. Il craignait d'être trahi par ce maître fourbe. Aussi, avant de se confier à lui, fit-il occuper par Chandos deux places navarraises et voulut-il que Charles le Mauvais vînt le voir à Peyrehorade[1] pour lui donner de nouvelles garanties. Ce ne fut en somme que le 14 février 1367 que ses troupes commencèrent à entrer en Espagne par le défilé de Roncevaux.

Ce long retard de l'armée anglaise explique l'avantage stratégique que l'armée franco-castillane eut le temps de prendre au début de la campagne, mais dont le roi Henri ne sut pas profiter jusqu'au bout. Deux routes principales conduisaient de Pampelune, capitale de la Navarre, à Burgos, objectif du prince de Galles : celle de Vittoria, par l'ouest, et celle de Logroño, par le sud-ouest. La première était la plus difficile, mais aussi la plus courte. Tout faisait présumer que les Anglais la prendraient. Le roi de Castille, sans négliger la seconde, qui débouchait de Logroño (sur l'Èbre) dans les plaines de Navarette, se porta, avec le gros de ses forces, vers la première et garnit si bien de troupes cette chaussée et tous les défilés qui auraient permis de la tourner, que l'ennemi devait y être indéfiniment arrêté. Ces dispositions prudentes furent sans doute ordonnées par du Guesclin et par son fidèle auxiliaire le maréchal d'Audrehem, qui depuis peu était venu reprendre place dans l'armée de Castille. Pendant ce temps les troupes du prince de Galles traversaient lentement la Navarre et, après avoir épuisé en quelques jours ce maigre pays, commençaient à souffrir cruellement de la disette. Charles le Mauvais, qui ne voulait pas

---

1. Sur le gave de Pau, département des Landes.

se compromettre jusqu'au bout, se faisait prendre par Olivier de Mauny dans une feinte reconnaissance (13 mars). Isolé à Vittoria, dans un pays mal connu et sans ressources, le chef de l'armée anglaise ne tarda pas à constater que les passages étaient trop bien gardés pour qu'il lui fût possible de les forcer. Tout près de ses cantonnements, à Ariñez, un de ses principaux lieutenants, Guillaume de Felton, fut battu et tué par un corps d'éclaireurs que commandaient don Tello et don Sancho, frères de Henri. Ce malheur lui fut sensible. Par contre les Castillans célébrèrent comme un grand succès ce petit avantage. Leur roi n'en éprouva que plus vivement le désir de se mesurer en bataille rangée avec ce Prince Noir, réputé alors le premier général de l'Europe et qu'il espérait bien écraser, ne fût-ce que par la supériorité du nombre. Il avait en effet (en prenant les évaluations les plus modestes) au moins 50 000 hommes, et son adversaire n'en pouvait certainement pas mettre en ligne plus de 20 000. Mais le maréchal d'Audrehem, qui n'avait qu'une médiocre confiance dans l'infanterie et la cavalerie légère de Castille, s'efforça de le désabuser et lui représenta qu'au lieu de risquer une bataille il aurait tout avantage à continuer d'affamer l'ennemi en lui barrant la route. Henri, qui était avant tout chevalier, répondit qu'il devait pour son honneur provoquer un engagement général, ne fût-ce que pour venger la partie de son royaume qui avait été atteinte par l'invasion. Il avait du reste envoyé depuis quelque temps un défi dans toutes les règles au prince de Galles, qui en avait loué le style martial, mais n'avait pas pris la peine d'y répondre. Il lui fallait à tout prix une bataille. Il eut une défaite.

Les Anglais, mourant de faim à Vittoria et recon-
naissant qu'ils n'arriveraient jamais à Burgos par
cette route, se décidèrent vers la fin de mars à évacuer la province d'Alava. Obliquant vers le sud-est
par Viana, ils gagnèrent le plus rapidement possible
Logroño et se disposèrent à franchir l'Èbre. Bientôt
même ils le passèrent. Henri n'avait rien fait pour
les contrarier dans cette marche. Il s'était contenté
de se transporter, par un mouvement parallèle à celui
de l'ennemi, à la hauteur de Logroño, entre les deux
villages de Najera et de Navarette ; si bien que, lorsque les Anglais débouchèrent dans ce pays ouvert,
ils virent l'armée de Castille qui les attendait pour
une action décisive. Le prince de Galles n'en fut pas
surpris : il avait, le 30 mars, prévenu le roi de son
dessein d'entrer dans ses États de vive force, et
Henri lui avait répondu qu'il était prêt à le combattre.

Dans la nuit du 2 au 3 avril les deux armées
furent rangées en bataille. Les Castillans formèrent
trois divisions fort inégales. L'avant-garde, comptant
4000 hommes d'armes, dut engager l'action sous
du Guesclin. Don Tello et don Sancho, à la tête d'un
corps de 16 000 génétaires, furent chargés de l'appuyer par la gauche. Enfin le roi se réserva la direction du dernier corps, qui comprenait 7000 hommes
d'armes et une masse énorme d'infanterie. Dès le
matin les Anglais, qui avaient campé sur une petite
hauteur, descendirent vers leurs ennemis. Près de
les atteindre, le prince de Galles joignit les mains,
leva les yeux au ciel et pria. Puis il prit fortement
la main de Pierre le Cruel en lui disant : « Sire roi,
vous saurez aujourd'hui si vous aurez jamais rien
au royaume de Castille. » Alors élevant la voix :

« Avant! Avant! bannières, s'écria-t-il, au nom de Dieu et de saint George! » Et la bataille commença. Chandos et le duc de Lancastre, qui commandaient l'avant-garde, se heurtèrent contre du Guesclin et les compagnies françaises. La mêlée devint bientôt générale entre les deux armées. Mais presque dès le début de l'action, don Tello, soit par lâcheté, soit par trahison, prit la fuite avec plus de 2000 hommes. Tout le corps qu'il commandait en fut ébranlé et fut bientôt mis en déroute. A cette vue, l'informe et massive cohue de fantassins que dirigeait le roi commença à fléchir. Les frondeurs castillans avaient fait d'abord assez bonne contenance; mais le tir des archers anglais, contre lequel ils ne pouvaient lutter, répandit parmi eux une terreur que ni l'exemple ni les exhortations de Henri de Transtamare ne purent dissiper. Ce vaillant prince, monté sur une forte mule, parcourait sans relâche les rangs de ses soldats pour les garder du désordre et des paniques. Quand la débandade commença, il se jeta au milieu d'eux pour les arrêter et les ramener au combat. Il courait des uns aux autres, leur disant : « Vous m'avez fait roi de toute la Castille et vous m'avez juré que pour mourir vous ne me manqueriez; gardez, pour Dieu, votre serment et acquittez-vous envers moi; je m'acquitterai envers vous, car je ne fuirai pas tant que je vous verrai combattre. » Mais la masse affolée ne l'écoutait pas. Désespéré, il se jeta au plus fort du combat. Du Guesclin l'en tira et le supplia de s'en aller. Il y revint, et ce ne fut qu'après de nouveaux exploits que, voyant son armée entièrement dispersée, il quitta enfin le champ de bataille et se dirigea vers l'Aragon, accompagné seulement de quatre chevaliers. Quant à du Guesclin et à sa

petite troupe, tout le reste des forces castillanes
ayant fui, ils supportèrent jusqu'à la fin du jour
l'effort des Anglo - Gascons. Épuisé , entouré de
morts et de mourants, l'illustre capitaine dut enfin
s'avouer vaincu et rendre son épée. Le maréchal
d'Audrehem, le Bègue de Vilaines et plus de soixante
chevaliers français de distinction furent faits prisonniers avec lui. Ainsi finit la journée de Navarette. Quelques heures de bataille avaient suffi pour
replacer Pierre le Cruel sur le trône et rejeter son
frère dans les hasards de la proscription.

La bataille avait été fort meurtrière pour les
Franco-Castillans. Lorsqu'on compta leurs morts, on
trouva cinq cent soixante hommes d'armes et sept mille
cinq cents génétaires ou fantassins, sans parler d'un
bien plus grand nombre de soldats noyés dans la rivière
de Najera. Le roi Pierre, toujours porté aux vengeances,
voulait faire encore d'autres victimes. Furieux de ce
que don Henri lui avait échappé, il parlait de se dé-
dommager par le supplice de son frère don Sancho
et d'autres grands seigneurs castillans qui demeu-
raient prisonniers. Le prince de Galles, à qui pour
le moment il ne pouvait rien refuser, exigea qu'il
épargnât son propre sang et qu'il pardonnât à ses
sujets. Pierre céda, tout en maugréant et non sans
excepter de l'amnistie quelques chevaliers espagnols
qu'il fit décapiter sous ses yeux et devant sa tente.
Les habitants de Burgos ne durent qu'aux Anglais de
n'être pas décimés pour avoir fait défection l'année
précédente.

Le souverain rétabli de Castille ne supportait qu'a-
vec peine la tutelle d'un allié qui osait l'empêcher
d'abuser de sa victoire. Comme d'autre part il n'é-
tait pas plus loyal que généreux, il ne songeait guère

à s'acquitter des promesses d'argent dont il avait été si prodigue. Il finit même, au bout de plusieurs mois, par signifier au Prince Noir que, tant que les compagnies anglaises resteraient dans ses États, qu'elles commençaient à ravager, elles ne devaient rien espérer de lui. Outré de tant d'impudence, le fils d'Édouard III en eût tiré vengeance s'il n'eût commencé à souffrir de la maladie dont il devait mourir neuf ans plus tard. Ses troupes, fort éprouvées par le climat et par des excès de tout genre, diminuaient à vue d'œil. Il n'était que temps pour lui et pour elles de quitter l'Espagne. Il se mit donc au retour dans le courant du mois d'août.

Des nouvelles inquiétantes le rappelaient d'ailleurs en Aquitaine. Henri de Transtamare, après sa défaite, avait passé les Pyrénées et, grâce à un peu d'argent fourni par le duc d'Anjou et par le pape, avait enrôlé trois à quatre cents hommes d'armes. A la tête de cette bande il s'était jeté sur les domaines du roi d'Angleterre, avait envahi le Bigorre et pris d'assaut Bagnères, place importante de ce comté. Au mois d'août il se dirigea vers le Rouergue, autre possession anglaise, et remporta de nouveaux succès. C'est alors que le prince de Galles, alarmé, repassa les montagnes avec les débris de son armée et reparut à Bordeaux. C'était justement ce qu'attendait l'Espagnol pour reprendre le chemin de la Castille, où ses partisans étaient prêts à le recevoir. Et en effet, à peine Pierre le Cruel se retrouva-t-il réduit à ses propres forces, que son frère vint de nouveau lui disputer la couronne (septembre 1367).

Cette fois, il est vrai, Henri n'amenait pas du Guesclin. Le vaillant Breton était encore prisonnier du Prince Noir, qui refusait absolument de le mettre à rançon. Vainement Calverly s'était efforcé de lui faire rendre la liberté. D'autres solliciteurs plus puissants encore n'avaient pas été plus heureux. Bertrand, fort populaire à Bordeaux comme ailleurs, passait son temps en bonne compagnie, faisait bonne chère, menait grand train. Mais sa prison, pour être dorée, n'en était pas moins une prison. Il était depuis neuf mois en captivité, et il y serait peut-être resté longtemps encore, si, piquant un jour au vif l'amour-propre du prince, il ne lui eût fait un point d'honneur de son élargissement. « On prétend, lui dit-il, que vous me redoutez tant que vous n'osez pas me relâcher. » Suivant Cuvelier, ce propos fut tenu par le sire d'Albret, qui souhaitait fort la libération du prisonnier. Quoi qu'il en soit, l'Anglais oublia tout aussitôt sa résolution et se montra disposé à laisser partir du Guesclin. D'après une tradition peu vraisemblable, il lui offrit la liberté sans rançon et dix mille florins pour s'équiper, moyennant la promesse de ne plus porter les armes ni contre Pierre de Castille ni contre le roi d'Angleterre. Il va sans dire que Bertrand aurait noblement refusé. La même tradition ajoute que le prince, ne voulant pas se montrer moins généreux, l'aurait laissé libre de fixer lui-même le taux de son rachat. Le prisonnier aurait fièrement promis de payer cent mille florins d'or; et le fils d'Édouard III s'étant récrié contre l'énormité d'une pareille offre : « Il n'y a fileresse en France qui sache fil filer, se serait écrié le Breton, qui ne veuille contribuer de ses mains à payer ma rançon. » Toute l'assistance aurait applaudi à ces belles paroles; la population de Bordeaux aurait fait à du Guesclin de véritables ovations; enfin la princesse de Galles ellemême lui aurait donné dix mille florins pour hâter sa délivrance. Le récit de Froissart, d'après lequel le prince détermina lui-même le chiffre de la rançon, nous paraît plus près de la vérité. Comment les Anglais, en effet, eussent-ils trouvé surprenante l'offre de du Guesclin, puisque, l'ayant pris déjà trois ans auparavant à Auray, ils avaient eux-mêmes exigé de lui la somme de cent mille florins ? Ajoutons que Bertrand était beaucoup plus riche en 1367 qu'en 1364, et que personne ne pouvait l'ignorer.

Ce qu'il y a de certain, c'est qu'il paya ce prix exorbitant, mais qu'il fut, comme précédemment, aidé par ses amis et ses protecteurs. Le roi de France, qui avait tant d'intérêt à le voir libre, lui fournit trente mille livres. A la fin de décembre, et après avoir sans doute versé ce premier acompte, du Guesclin put quitter Bordeaux. Où alla-t-il tout d'abord ? Peut-être en Bretagne, où il pouvait puiser à toutes les bourses et où il trouva effectivement des secours considérables. En février 1368 nous le retrouvons à Montpellier près du duc d'Anjou, qui, paraît-il, lui donna les moyens de se libérer entièrement vis-à-vis des Anglais. Redevenu maître de sa personne, il eût sans doute voulu retourner aussitôt en Castille, où la cause du roi Henri s'était relevée, mais n'avait pas encore définitivement triomphé. Le vaincu de Navarette, dès sa rentrée en Castille, au mois de septembre 1367, avait vu accourir à lui un grand nombre de ses anciens partisans. Burgos l'avait de nouveau triomphalement reçu (6 novembre). Salamanque et Léon étaient tombées en son pouvoir (janvier 1368). Les Asturies et la Galice, qui lui avaient résisté jusque-là, faisaient à ce moment leur soumission. En somme, la moitié septentrionale du royaume reconnaissait déjà son autorité. Mais Pierre se maintenait

encore dans le sud, d'où il pouvait donner la main
aux Maures. Tolède, qui tenait encore pour lui sur le
Tage, paraissait inexpugnable. Le gouverneur de
cette place menaçait de faire pendre tout bourgeois
convaincu d'intelligence avec don Henri. Ce dernier
se disposait à en entreprendre le siège; et jugeant
bien que, si cette forteresse était prise, tout le reste
de la Castille serait à lui sous peu, il déclarait que,
dût-il mettre une année à la conquérir, il ne se dé-
couragerait pas. Pour une opération si importante
du Guesclin n'eût pas été de trop. Mais il venait de
prendre vis-à-vis d'un autre prince des engagements
qu'il lui fallut tenir avant de retourner en Espagne.

Le duc d'Anjou, qui n'avait point entendu l'obliger
gratuitement, le retenait à son service et l'employait
à guerroyer en Provence. Il avait des prétentions sur
ce comté depuis que l'empereur Charles IV lui avait
donné l'investiture — nominale — du royaume
d'Arles. La reine Jeanne de Naples, qui en était légitime propriétaire, avait trop à faire en Italie pour
s'occuper utilement de le défendre. Son mari, don
Jayme, prétendant au trône de Majorque[1] et allié de
Pierre le Cruel, venait d'être fait prisonnier en Espagne par Henri de Transtamare. La Provence semblait à l'abandon. Le duc d'Anjou y trouva pourtant
plus de résistance qu'il n'aurait cru. Aussi jugea-t-il
que le concours de du Guesclin ne lui serait pas inu-
tile. Ce dernier, après avoir enrôlé plusieurs chefs de
bandes, tels que Noly Pavalhan, le Petit Meschin,
Perrin de Savoie, mit avec le prince le siège devant
Tarascon[2]. Cette entreprise, commencée le 4 mars

1. Le père de ce prince avait été roi de Majorque et avait été détrôné par le roi d'Aragon.
2. Entre Avignon et Arles (Bouches-du-Rhône).

1368, ne se termina pas avant le 22 mai. La ville résista tant aux assauts qu'à dix-huit grands engins de
guerre qui nuit et jour battaient les murailles et lan-
çaient d'énormes pierres dans l'intérieur. A la fin,
Bertrand eut l'idée de se présenter en parlementaire
devant les assiégés. Il leur dit que s'ils continuaient à
résister et s'exposaient à être pris de force, ils pouvaient s'attendre aux plus rigoureux traitements; que
tous les hommes, sans exception, seraient mis à mort,
que femmes et enfants seraient chassés, sans argent,
et aussi nus qu'Adam et Ève avant le péché. On le savait homme à tenir parole. Tarascon se rendit aussitôt, et les habitants, à la prière de du Guesclin, furent
épargnés. Il alla ensuite attaquer Arles. Mais il paraît
qu'il fut moins heureux dans cette nouvelle entreprise
et qu'au bout de quelques semaines il fut obligé de
lever le siège. D'autres difficultés contribuèrent à le
dégoûter de cette guerre obscure. L'argent lui manquait souvent et ses soldats en demandaient sans
cesse. Pour contenter ces routiers, il dut à cette
époque lever de son chef une contribution de cinq
mille florins sur le Comtat Venaissin. Le pape me-
naça de l'excommunier, ordonna contre lui des pour-
suites judiciaires. Nous ne savons comment se termina cette affaire; mais on peut croire sans témérité
que du Guesclin ne rendit point l'argent.

Cependant don Henri, qui s'épuisait devant Tolède, ne cessait de réclamer son assistance. Le duc
d'Anjou finit par laisser le comte de Longueville
libre de retourner en Espagne. Il fit plus : il le chargea,
vers les derniers jours de septembre, de réunir les
compagnies qui recommençaient à infester le sud du
royaume et d'en débarrasser la France. Cette tâche,
toujours difficile, demanda sans doute du temps.

Il est probable que du Guesclin ne vint rejoindre don Henri que dans les premiers jours de 1369. Il lui amenait deux ou trois mille hommes d'élite, le vicomte de Rodez, Olivier de Mauny, Yvon de Laskouet, bref presque tous ses lieutenants les plus fidèles et les plus dévoués. Le roi d'Aragon, qui depuis longtemps ne tenait plus pour le parti de Transtamare, lui défendit le passage dans ses États. Du Guesclin n'en traversa pas moins cette contrée, y fit même quelques recrues et put enfin rejoindre le roi de Castille, qui lui confia aussitôt la direction effective de la guerre.

Tolède continuait à résister à tous les assauts. Vainement don Henri, assisté du Bègue de Vilaines, multipliait les moyens d'attaque. Les juifs et Sarrasins enfermés dans la place et que le roi menaçait hautement de livrer au bûcher, étaient décidés à vendre chèrement leur vie. Un jour, à la suite d'une attaque infructueuse, Henri fit planter des potences devant les murailles et ordonna de pendre ses prisonniers. Le gouverneur de la ville n'en persista pas moins à se défendre. Il comptait sur le retour prochain de Pierre le Cruel, qui depuis plusieurs mois courait le sud de l'Espagne pour réunir une armée de secours. Ce prince, abandonné de presque tous ses sujets, faisait des efforts surhumains pour relever sa fortune. Dénué d'argent et de soldats, il en fut réduit à implorer le secours des rois maures de Grenade et des Béni-Mérin, et même celui du chef africain de Tlemcen. Il parvint à se procurer de 35 000 à 40 000 hommes ; mais il eût pu en avoir le double sans posséder pour cela une véritable armée. C'étaient en effet, sauf quelques milliers d'hommes d'armes qui savaient leur métier, de simples pillards dénués d'instruction militaire aussi bien que de sens moral, prêts à s'enfuir au premier choc, comme l'évènement le montra. Dès que Pierre eut introduit cette horde dans le royaume de Castille, elle se conduisit partout comme en pays conquis. Cependant, après plusieurs semaines de pillage, il put tant bien que mal la former en colonnes de marche et se dirigea vers la Sierra Morena pour pénétrer dans la Manche et débloquer Tolède. Son dessein était sans doute d'attaquer de front les assiégeants pendant que les assiégés opéreraient une vigoureuse sortie. Grâce à cette double agression, Henri de Transtamare se trouverait dans la situation la plus critique; il n'était même guère probable qu'il pût en réchapper.

Malheureusement pour Pierre le Cruel, du Guesclin était informé de ce mouvement et prenait ses dispositions pour prévenir l'attaque du camp de Tolède. Un prisonnier, pour éviter la mort, lui révéla, paraît-il, la marche des Sarrasins alors qu'ils étaient encore en Andalousie. Bertrand remontra aussitôt à don Henri qu'attendre l'ennemi devant la place et s'exposer à être pris entre deux feux était une folie; qu'il fallait détacher au plus tôt vers le sud un corps d'élite qui, surprenant en plein mouvement les troupes de l'ex-roi, profiterait de leur désordre pour les tailler en pièces et pourrait d'un coup terminer la guerre. On ne pouvait mieux raisonner, et Henri n'eut garde de mépriser un si bon conseil. 6000 hommes, les meilleurs soldats de toute l'armée, se portèrent vers le sud-est au-devant de Pierre, qui à ce moment même, ne se doutant de rien, débouchait dans la Manche. La sécurité de ce prince était telle, qu'il ne prenait même pas la peine de faire reconnaître la route pour éviter les embuscades. Le

14 mars, il venait de dépasser le château de Montiel
et ses troupes continuaient d'avancer dans le plus
grand désordre, lorsque tout à coup Henri de Transtamare et du Guesclin, avec leurs compagnies bien
rangées, se ruèrent, bannières déployées, sur cette
cohue en criant : *Castille au roi Henri!* et *Notre-
Dame Guesclin!* Au premier choc les juifs, qui servaient en assez grand nombre dans l'armée de Pierre
le Cruel, tournèrent le dos et s'enfuirent. Les Sarrasins firent d'abord meilleure contenance. L'ex-roi,
plantant sa bannière en terre et courant de tous côtés
pour rallier les fuyards, s'efforça courageusement de
prévenir un désastre dès lors inévitable. Bientôt ses
soldats d'emprunt, qui ne comprenaient pas sa
langue, se débandèrent et cherchèrent leur salut
dans toutes les directions. Ces malheureux, que la
peur aveuglait, ne surent même pas éviter l'ennemi
qui les poursuivait. Les Franco-Castillans, dans une
recrudescence de fanatisme qui rappelait les croi-
sades, s'étaient promis de ne faire aucun quartier
aux musulmans. Ils en tuèrent, s'il faut en croire
Froissart, plus de 24000. Au bout de quelques
heures rien ne restait de la grande armée qu'ils
avaient surprise. La victoire était complète, décisive. Henri de Transtamare n'avait plus rien à craindre de son frère; mais la mort seule de ce rival ab-
horré pouvait dissiper à jamais ses inquiétudes. Ce
complément d'un triomphe qu'il jugeait insuffisant
ne se fit pas longtemps attendre.

Arraché du champ de bataille par Fernand de
Castro, son fidèle conseiller, Pierre le Cruel s'était
réfugié à quelques lieues de là dans le château de
Montiel. Cette forteresse escarpée semblait à l'abri
des surprises et des assauts. Mais elle n'était à ce

moment pourvue de vivres que pour quatre jours.
En sortir n'était pas chose facile : une seule avenue,
en pente fort raide, servait d'issue au château, et le
Bègue de Vilaines la gardait avec ses gens. Les alentours étaient d'ailleurs occupés par le reste des
troupes castillanes. Désespérant de forcer ces obsta-
cles vivants, Pierre essaya, dit-on, de la corruption.
Suivant certains auteurs, il fit promettre au Bègue
de Vilaines et à du Guesclin une forte récompense
s'ils voulaient bien le laisser passer et l'aider à se
mettre en sûreté. La même tradition rapporte que
ces capitaines, feignant de se rendre à ses proposi-
tions, l'attirèrent dans un guet-apens. Rien n'est
moins prouvé que cette assertion. Ce qu'il y a de
certain, c'est que dans la nuit du 23 au 24 mars l'ex-
roi sortit furtivement du château avec douze per
sonnes et essaya de gagner la campagne, et que le
sire de Vilaines, qui faisait toujours bonne garde,
fondit sur lui avec ses soldats en criant : « Rendez-
vous ou vous êtes mort! » Pierre se reconnut aussitôt
prisonnier et, s'engageant à payer grande rançon, demanda qu'on le sauvât au moins des fureurs de son
frère. On le lui promit. Mais dès que le jour fut venu,
don Henri ne tarda pas à apprendre ce qui s'était
passé. Il courut aussitôt, avec du Guesclin, le vicomte de Rodez, l'Aragonais Roccaberti et d'autres
seigneurs, vers la tente d'Yvon de Laskouet, où se
trouvait alors le prisonnier. « Où est ce bâtard, de-
manda-t-il en entrant, qui s'appelle roi de Castille?
— C'est toi qui es bâtard, » riposta son frère. Ils se
précipitèrent aussitôt l'un sur l'autre, s'étreignirent
violemment et bientôt roulèrent à terre. Pierre le
Cruel avait à ce moment le dessus. Mais un des assistants, Roccaberti, paraît-il, le prit par une jambe et

le retourna. Ce secours peu loyal permit à Henri de
tirer son poignard et d'en frapper son ennemi, qui
ne se releva plus. Cet horrible drame eut pour complément les outrages que subit pendant trois jours le
cadavre du vaincu. Ce n'est qu'au bout de ce temps
que le meurtrier permit d'ensevelir sa victime. Il
avait voulu rassasier sa haine aussi bien que son ambition.

La fin tragique de Pierre le Cruel assurait le triomphe de son rival. Toute la Castille se soumit à lui. La
ville de Tolède, qui résistait encore, se rendit quand
elle connut les évènements de Montiel. Henri dut, il
est vrai, soutenir une lutte assez longue contre le roi
de Portugal Fernand, gendre de son ancien rival et
qui prétendait lui succéder en le vengeant. Mais cette
guerre, très mollement conduite de part et d'autre,
ne l'inquiéta jamais. Du Guesclin y fut-il employé?
Rien ne serait plus vraisemblable; car nous savons que ce faiseur de rois était encore en Espagne
au milieu de 1370. Il avait été pourvu, au lendemain de Montiel, de la plus haute dignité militaire
du royaume. Henri l'avait nommé connétable de
Castille. Aucune expédition de quelque importance
ne pouvait donc être entreprise sans sa partici-
pation. Bertrand ne fut pas pourvu seulement de ce
glorieux office. Il reçut presque dans le même temps
(mai 1369) l'investiture d'un fief immense qui, sous
le titre de duché de Molina, comprenait non seulement cette ville, mais celles de Soria, Deazan, Montea-
gudo, Moran et Almazan[1]. De telles récompenses
auraient pu l'attacher pour toujours à la Castille;
mais du Guesclin n'avait pas cessé d'être bon Fran-

1. Ce duché était situé dans la Vieille-Castille, sur les confins de
l'Aragon.

çais. Content d'avoir rempli les patriotiques intentions de Charles V et de lui avoir procuré une solide
alliance, il le regardait toujours, au fond, comme son
seul maître. On le vit bien quand ce prince le rappela pour l'opposer aux Anglais. Le vainqueur de
Cocherel et de Montiel n'avait point oublié qu'il appartenait avant tout à la France ; et le sage roi le jugeait bien en pensant qu'il ne voudrait pas laisser à
d'autres l'honneur de la délivrer de l'étranger.

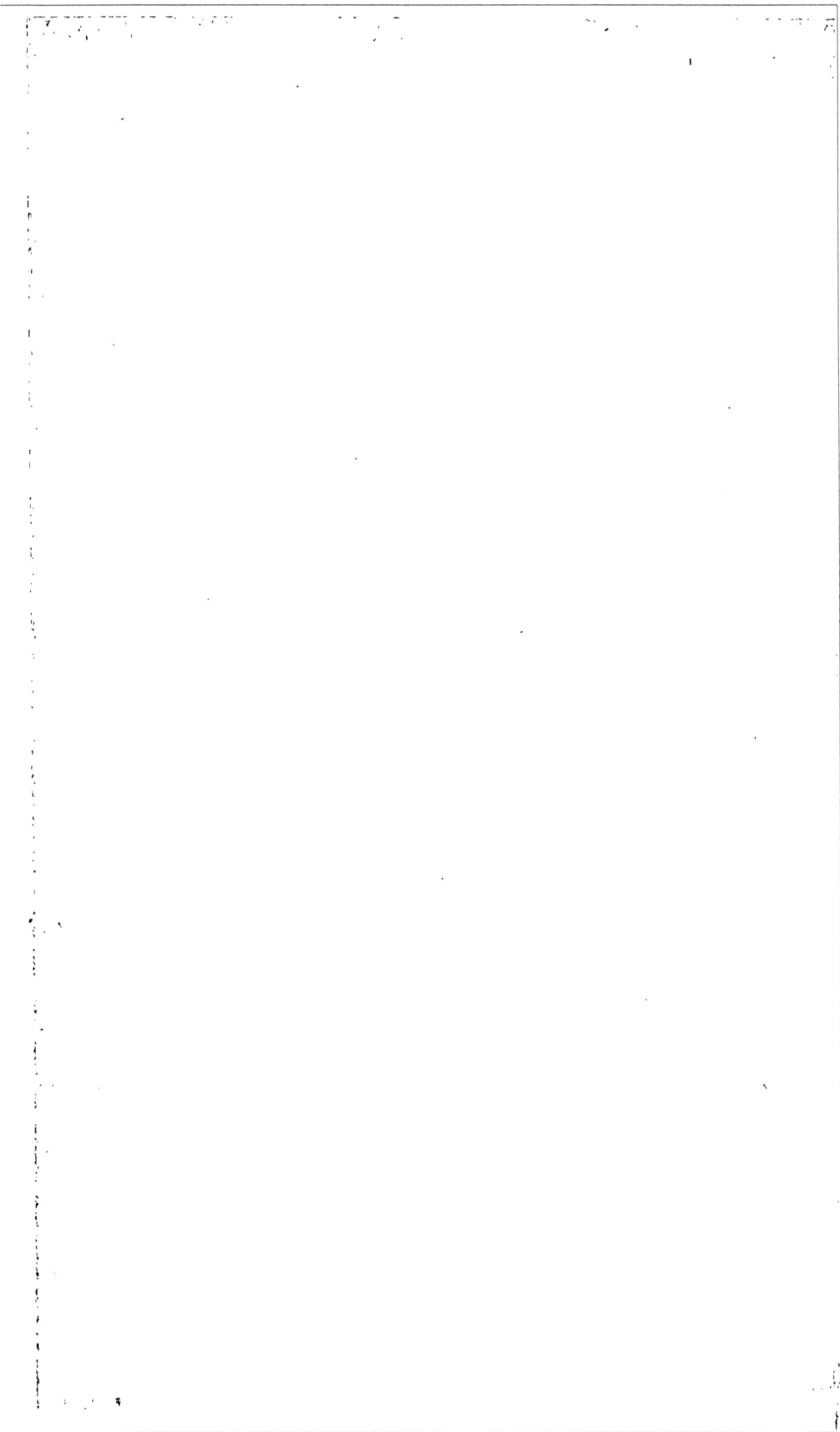

CHAPITRE IV

Charles V recommence la guerre contre les Anglais. — Du Guesclin connétable de France. — Victoire de Pontvalain. — Conquête de l'Aunis, de la Saintonge, de l'Angoumois et du Poitou. — Victoire de Chizé.

(1369-1373)

Pendant que du Guesclin guerroyait en Espagne, Charles V n'avait rien négligé pour mettre la France en état de soutenir avec succès une nouvelle lutte contre l'Angleterre. Anéantir le traité de Brétigny était sa pensée constante. Aussi tous ses efforts, de 1364 à 1369, tendirent-ils à la réorganisation financière et militaire du royaume; c'était la première condition de la victoire. En moins de cinq années cette œuvre de relèvement national fut si avancée, que le prudent roi de France n'hésita pas à provoquer les vainqueurs de Crécy et de Poitiers.

Les bonnes raisons pour recommencer la guerre ne lui manquaient pas. Comme on l'a vu plus haut, Édouard III n'avait pas observé la paix très loyalement. Malgré le traité de Brétigny, des compagnies à son service n'avaient cessé depuis 1360 de ravager notre pays. Tout récemment (1367) le prince de Galles était revenu de Castille sans argent pour payer les troupes qui l'avaient aidé à rétablir Pierre le Cruel. Plusieurs milliers de ses soldats, à son instigation, s'étaient jetés sur les terres du roi de France et avaient mis à feu et à sang toutes nos provinces du centre.

C'étaient là sans doute, aux yeux de Charles V, des motifs suffisants pour reprendre les armes. Mais il ne voulait pas attaquer les possessions anglaises avant de s'être assuré qu'il y trouverait des partisans. Il acquit en 1368 la certitude que les sympathies et le concours de l'Aquitaine[1] ne lui feraient pas défaut. Les villes et les seigneurs de cette contrée ne supportaient qu'avec peine la domination britannique. Le fils d'Édouard III, qui avait déjà surchargé d'impôts toute la principauté, voulut à son retour d'Espagne (et sans doute pour couvrir les frais de son expédition) la soumettre à un fouage ou contribution d'un demi-franc par feu, qui devait lui rapporter par an douze cent mille livres. Le Poitou, le Limousin, la Saintonge se soumirent. Mais toute la haute Guienne protesta contre de pareilles prétentions. Les comtes d'Armagnac et de Rodez, les comtes du Périgord et de Comminges, le vicomte de Caraman, le sire d'Albret et beaucoup d'autres seigneurs gascons se liguèrent pour résister au nouvel impôt et en appelèrent au roi de France, comme suzerain du duché d'Aquitaine (mai 1368). Charles V, après mûre délibération, accueillit leur requête. Le traité de Brétigny avait bien attribué l'Aquitaine en pleine propriété à Édouard III, mais à la condition expresse qu'il renoncerait à la couronne de France. Or huit ans

---

1. Sous ce nom, que nous prenons dans son acception la plus large, le roi d'Angleterre avait constitué en faveur de son fils aîné une principauté renfermant tout ce qu'il possédait dans le sud-ouest de la France. L'*Aquitaine* comprenait donc le Poitou, l'Aunis, la Saintonge, l'Angoumois, le Limousin, le Périgord, le Bordelais, l'Agenais, le Quercy, le Rouergue, l'Armagnac et toute la haute Gascogne.

s'étaient écoulés, et il n'avait pas encore signé sa renonciation. Charles était donc en droit de revendiquer son droit féodal de haute juridiction sur le duché. Quand il eut lié à sa cause, par un traité en bonne forme, les seigneurs appelants, qu'il eut donné ses instructions au duc d'Anjou, gouverneur du Languedoc, levé des troupes, mis ses places fortes en état de défense, réuni ses parents et ses plus fidèles serviteurs, gagné d'anciens ennemis comme les Clisson, les Harcourt, le comte de Flandre[1], le moment lui parut favorable pour tenter l'attaque. Deux messagers allèrent de sa part (en décembre 1368 ou janvier 1369) sommer le prince de Galles de comparaître devant le Parlement de Paris, qui devait le juger, lui et les nobles de Gascogne. « J'irai, répondit l'Anglais, mais ce sera le bassinet en tête, et soixante mille hommes en ma compagnie. » Ces paroles équivalaient à une déclaration de guerre. Charles V fit-il, quelque temps après, comme on l'a dit, signifier ses intentions belliqueuses à Édouard III par un valet de ses cuisines ? C'est peu probable. Ce qu'il y a de certain, c'est que dès le mois de janvier 1369 les hostilités commencèrent, et que les Anglais, surpris de toutes parts, perdirent en quelques semaines beaucoup de terrain.

Ils reprirent, il est vrai, l'avantage en Aquitaine vers la fin de l'année, grâce au prince de Galles et à Jean Chandos, que les comtes de Pembroke et de Cambridge vinrent renforcer au nom d'Édouard III. Ils ravagè-

---

1. Il gagna Clisson en lui rendant ses domaines confisqués depuis 1344 ; Harcourt en lui faisant épouser une des princesses de Bourbon, ses belles-sœurs ; le comte de Flandre en lui cédant Lille, Douai et Orchies et l'amenant à donner sa fille unique en mariage au duc de Bourgogne. Le sire d'Albret épousa, comme Harcourt, sous les auspices de Charles V, une des sœurs de la reine.

rent même, au nord, la Picardie et la moitié de la
Normandie, d'où ils purent se retirer impunis. Au
commencement de 1370, non seulement ils restaient
maîtres de presque toute l'Aquitaine, mais ils s'étendaient dans l'Anjou jusqu'à la Loire. Pembroke et
Cambridge pénétraient dans le Bourbonnais. Le duc
de Lancastre, un peu plus tard, arrivait à Bordeaux
avec des troupes, tandis que le prince Noir rassemblait
à Cognac[1] une armée formidable. Robert Knolles,
avec quinze cents hommes d'armes et quatre mille
brigands, allait bientôt débarquer à Calais et porter
la dévastation dans le centre de la France. Charles V,
courant au plus pressé, résolut de diriger le gros
de ses forces, en deux corps, vers l'Angoumois. L'un,
sous le duc de Berry, devait envahir l'Aquitaine par
le Limousin; l'autre, sous le duc d'Anjou, venant de
Toulouse, devait s'avancer par le Périgord. Mais les
frères du roi n'avaient que de médiocres talents
militaires. Puis, tandis qu'ils seraient occupés dans
le midi, qui défendrait le nord et le centre contre
Knolles, dont l'agression était imminente? Il fallait,
pour conduire souverainement cette guerre multiple,
un homme agile, infatigable, inaccessible au découragement et qui eût sur les troupes un irrésistible
ascendant. Du Guesclin seul paraissait réunir toutes
ces qualités. C'est à lui que Charles V résolut de confier le commandement suprême. Des courriers lui
furent envoyés en Espagne, où il guerroyait encore
assez obscurément. On lui donna à entendre qu'il
pourrait bien être nommé connétable de France,
c'est-à-dire être pourvu de la plus haute dignité mi-

---

1. Sur la Charente, entre Angoulème et Saintes (Charente).

litaire du royaume[1]. Il ne le crut pas; mais il n'était pas besoin de promesses pour lui faire remplir son devoir. L'intérêt de la France lui était trop cher pour qu'il ne fût pas aussi désireux de servir Charles V que ce prince l'était de l'employer.

Il quitta donc la Castille vers la fin de juin 1370 et vint avec quelques centaines d'hommes d'armes trouver à Toulouse le duc d'Anjou, qui l'aimait fort et le fêta grandement. Les opérations dont ce prince était chargé commencèrent presque aussitôt, sous la direction supérieure de du Guesclin. Dès la fin de juillet l'armée du Languedoc, qui avait pris sa route par Montauban, avait conquis Moissac[2], traversé victorieusement le Quercy, l'Agenais et atteint les limites du Périgord. L'occupation de ce dernier pays avait, aux yeux de Bertrand, une grande importance stratégique. Par là, en effet, le duc d'Anjou pouvait se mettre en communication avec le duc de Berry, qui marchait sur Limoges, arrêter soit le prince de Galles venant de Cognac, soit le duc de Lancastre venant de Bordeaux, et empêcher ces deux généraux de se rejoindre.

Cette campagne fut aussi rapide que glorieuse. Dans les premiers jours d'août les Français entrèrent à Sarlat. Ayant ensuite obtenu, non sans

1. Le connétable était supérieur, dans l'armée, même aux deux maréchaux de France. Quand le roi était au milieu des troupes, il commandait de droit l'avant-garde. Dans les villes prises d'assaut, tout était à lui, sauf l'or, l'artillerie et les prisonniers. Outre son traitement, qui était fort considérable, il prélevait un jour de solde sur toute l'armée. Il était inviolable pour tout le monde, sauf le roi. Les attaques contre sa personne étaient considérées comme crimes de lèse-majesté. Il était chef d'une juridiction très importante connaissant de tous les crimes commis par les gens de guerre et des démêlés qu'ils pouvaient avoir entre eux.

2. Entre Agen et Montauban (Tarn-et-Garonne).

peine, la reddition de Montpazier[1], ils marchèrent
sur la Linde. Cette petite place, baignée par la Dordogne, servait de poste avancé à Bergerac, importante cité qu'un corps français assiégeait en vain
depuis deux mois. Elle avait pour gouverneur un
gentilhomme du pays, Gastonnet de Badefol, qui, au
lieu de résister, traita pour de l'argent avec du
Guesclin. Mais au moment où les Français entraient
dans la ville par une porte, Thomas de Felton et le
captal de Buch, capitaines de Bergerac, y pénétraient par une autre à la tête d'une forte troupe.
Le captal, courant droit à Badefol, l'étendit raide
mort d'un coup d'épée en disant : « Ce sera ta dernière trahison. » Les soldats du duc d'Anjou, surpris
d'une si brusque irruption et écrasés par le nombre,
se retirèrent en déroute. La Linde resta donc aux
Anglais. Mais la fortune donna bientôt à du Guesclin
d'amples dédommagements. Le duc étant retourné
à Toulouse vers le milieu d'août, Bertrand continua
d'avancer dans le Périgord. La capitale de ce comté
s'était donnée à la France dès le mois de février pré-
cédent. Le comte de Longueville y entra et y établit
pour quelques jours son quartier général. Il y avait,
à une lieue de Périgueux, une fort belle abbaye dont
les moines avaient été peu auparavant dépossédés
et chassés par des routiers anglais. Les auteurs du
temps ne la nomment pas. Ce ne peut être que celle
de Chancelade. Dès que du Guesclin sut les brigands
si près de lui, il jura par saint Yves qu'il les irait
voir et que les religieux recouvreraient leur monas-
tère. Effectivement il se présenta bientôt devant
Chancelade, s'approcha des barrières, suivant sa

---

1. Au sud de Bergerac et de Sarlat (Dordogne).

coutume, pour sommer les défenseurs de la place et
n'essuya qu'un refus. « Je suis Bertrand Du Guesclin, leur dit-il. — Maudit soyez-vous ! lui répondit
le chef des routiers ; vous avez du renom, mais vous
n'aurez pas notre demeure, et si vous nous assaillez,
vous ferez grande folie. » Un tel langage n'était pas
fait pour intimider le héros breton. Il ordonna l'attaque. On lui offrit des machines de siège. Mais
comme il avait hâte d'en finir, il prit simplement
une échelle, et sans s'inquiéter des projectiles de
toute sorte qui pleuvaient sur lui, monta jusque sur
les murailles. On le suivit. Le capitaine de Chancelade courut sur lui. Bertrand lui fendit la tête d'un
coup de hache, et la garnison terrifiée se rendit
aussitôt. C'est ainsi que les moines purent rentrer
dans leur couvent.

Cet exploit ne fut du reste qu'un épisode tout à
fait secondaire dans cette fructueuse campagne. Le
but principal de du Guesclin était d'occuper fortement les routes qui mettaient Périgueux en communication avec Bordeaux, avec Angoulême et avec
Limoges. Sur la première il prit Monpont, sur la seconde Brantôme, sur la troisième il poussa jusqu'à
Saint-Yrieix[1], qui s'était déjà prononcée en faveur
des Français. La capitale du Périgord se trouva ainsi
couverte de toutes parts, et l'armée du Languedoc se
trouva en mesure d'appuyer les opérations de l'armée
du centre, qui à ce moment même prenait possession de Limoges (21-24 août).

On ne comprend pas trop pourquoi le comte de
Longueville, au lieu de poursuivre ses avantages,

1. Monpont et Brantôme sont situées dans la Dordogne, la première
à l'ouest, la seconde au nord de Périgueux. Saint-Yrieix est entre
Périgueux et Limoges, dans la Haute-Vienne.

quitta le Limousin et le Périgord et reprit le chemin
du midi. Il fut sans doute mandé par le duc d'Anjou.
Toujours est-il qu'il était de retour à Montauban à la
fin d'août et à Toulouse au commencement de septembre. C'est de cette dernière ville qu'il partit
presque aussitôt pour se rendre à Paris, où le roi,
qui l'avait mandé de nouveau, l'attendait avec im-
patience.

Pendant que les armées du Languedoc et du Berry
guerroyaient l'une en Périgord, l'autre en Limousin,
Robert Knolles était enfin descendu à Calais. En août,
cet aventurier, dont le but principal était de piller
et dévaster la France, prit route à travers l'Artois,
marchant fort lentement, pour mieux accomplir son
œuvre de brigandage et de destruction. Il ne s'ar-
rêtait guère devant les places fortes, qui étaient
toutes en bon état de défense et qu'il n'aurait pu
prendre ; mais il s'établissait dans les villages, enlevait les bestiaux, le fourrage, les grains et menaçait
de brûler les maisons si les habitants ne se rache-
taient. Il acquit ainsi en peu de temps des richesses
immenses. Mais, à mesure qu'il avança, la terreur
qui le précédait fit fuir les paysans. De toutes parts
les habitants du plat pays se réfugiaient dans les forteresses. Knolles, par le Vermandois[1], arriva jusqu'en Champagne, châtiant par l'incendie des localités ouvertes les populations qui avaient fui devant
lui. Où irait-il ensuite ? Les ducs de Berry et de
Bourbon, craignant qu'il ne passât sur leurs domaines, se hâtèrent de les regagner et quittèrent le
Limousin. Leur retraite permit au prince de Galles

1. Le Vermandois (dont la ville principale est Saint-Quentin) a
formé une partie des départements de l'Aisne et de la Somme.

de venir reprendre Limoges, qu'il brûla et dont il fit massacrer les habitants (19 septembre). Le Berry et le Bourbonnais furent du moins préservés par ces princes du vandalisme de Knolles, qui tourna vers l'ouest et marcha vers Paris. C'est à ce moment que Charles V envoya en toute hâte à du Guesclin l'ordre de le venir trouver. Mais quelque diligence que fît ce dernier, il ne put couper de la capitale les bandes anglaises, qui eurent le temps de maltraiter à leur aise l'Ile-de-France et d'insulter le roi au siège même de son gouvernement. Le 24 septembre Knolles était avec ses brigands dans la banlieue de Paris. Un de ses hommes d'armes, pour accomplir un vœu, vint heurter de sa lance les barrières de la porte Saint-Jacques. (Il est vrai que des bourgeois le tuèrent au retour.) Les Anglais, pour exaspérer les Français et les forcer de sortir, brûlèrent Gentilly, Bicêtre et d'autres villages du voisinage. De l'hôtel Saint-Paul, où se tenait le roi, l'on pouvait voir les flammes. Beaucoup de chevaliers suppliaient Charles V de les autoriser à le venger de tant d'outrages. Mais le sage prince hésitait, ne se sentant pas en forces et ne voulant pas risquer une bataille rangée qui pouvait aboutir à un désastre. Les plus sensés de ses conseillers, du reste, étaient d'avis qu'il n'y avait pour le moment rien à faire et qu'il fallait laisser écouler le torrent. « Sire, lui disait Clisson, vous n'avez que faire d'employer vos gens contre ces forcenés ; laissez-les aller et eux fouler. Ils ne vous peuvent ravir votre héritage ni vous bouter hors par fumières. » L'avis était bon, mais pénible à suivre. Le roi s'y conforma. Les portes de Paris restèrent fermées. Les compagnies, ne trouvant plus de subsistances dans les environs immédiats de cette ville, durent poursuivre

leur voyage. Dans les derniers jours de septembre
elles se dirigèrent vers Chartres, pour gagner de là le
Maine et aller se reposer en Bretagne.

A ce moment du Guesclin arrivait à marches forcées avec 1500 hommes. Il venait un peu tard, mais
Knolles n'était pas si loin qu'il ne pût encore le rat-
traper. Dès qu'on le vit à Paris, on ne douta pas qu'il
ne trouvât bientôt le moyen de faire repentir les Anglais de leurs méfaits. En attendant, Charles V voulut
lui donner la plus éclatante marque de sa confiance
en l'élevant à la dignité de connétable. Robert de
Fiennes, qui en était pourvu depuis longtemps était
vieux, cassé et avait prié le roi de le décharger de
son office. Charles, qui depuis longtemps réservait
cette haute charge au comte de Longueville, ne voulut pourtant pas, quoiqu'il en eût le droit, la lui
conférer sans l'assentiment de son conseil. Il réunit
donc les grands officiers de la couronne, les princes
du sang, les pairs de France, nombre de gentilshommes et même des notables pris dans la bour-
geoisie de Paris. Il leur fit part de son dessein. Tous
l'approuvèrent hautement. On peut donc dire que la
France, dont cette assemblée était comme une réduction, proclama du Guesclin connétable. Quand le
roi lui fit part du choix dont il était l'objet, il voulut
d'abord s'excuser. Ce n'était pas, il est vrai, qu'il
n'eût une haute opinion de sa valeur et qu'il ne se
crût digne du commandement suprème; mais il se
rappelait qu'il était d'assez petite extraction et craignait que les grands, jaloux de son élévation, ne lui
refusassent l'obéissance ou ne parvinssent un jour à
indisposer le roi contre lui. « Voici, dit-il à Charles,
messeigneurs vos frères, vos neveux et vos cousins,
qui auront charges de gens d'armes à la guerre;

comment oserais-je commander sur eux ? » Il ajouta
qu'il ne pouvait accepter cette dignité si son maître
ne lui promettait de ne lui rien cacher des accusa-
tions qui pourraient être portées contre lui. Le roi
s'y engagea solennellement. Il était fermement résolu à faire respecter son connétable. « Je n'ai, lui
déclara-t-il, frère, cousin ni neveu, ni comte ni baron en mon royaume, qui ne doive vous obéir ; et si
quelqu'un y manquait, il me courroucerait tellement,
qu'il s'en apercevrait. Prenez donc l'office gaiement,
et je vous en prie. »

Après de tels encouragements, du Guesclin ne
pouvait plus hésiter. Il accepta donc avec reconnaissance le périlleux honneur de diriger la grande
œuvre de revendication nationale entreprise par
Charles V. Le 2 octobre 1370 fut signée l'ordonnance
qui l'appelait aux fonctions de connétable. Le 20 du
même mois il prêta serment en cette qualité entre
les mains du roi et peu de jours après il inaugura
son commandement par un éclatant succès.

Il alla d'abord en Normandie chercher l'argent
qui lui manquait pour sa prochaine campagne. Le
trouvère Cuvelier nous rapporte que Bertrand n'avait
pu obtenir de Charles V de quoi entretenir les
3000 hommes d'armes qu'il jugeait nécessaires à
l'exécution de ses desseins. Vainement avait-il con-
seillé au roi un emprunt forcé sur les *chaperons
fourrés*, c'est-à-dire sur les gens de justice et de
finances, qu'il trouvait trop riches et qu'il n'aimait
guère. Quand il vit que pour le moment il n'avait
à compter que sur lui-même, il résolut d'avancer de ses propres deniers la solde de ses troupes.
Ayant fait venir à Caen, où il avait réuni ses principaux lieutenants, toute sa vaisselle d'argent, qui

était d'un grand prix, il l'engagea ou la vendit et se
procura de la sorte les premières ressources. La
guerre devait fournir le reste.

De Vire, où il rassembla environ quinze cents
lances, il se dirigea bientôt vers le Maine, où il comptait atteindre les Anglais. Son intention n'était point
de livrer à Knolles une bataille rangée que, vu l'infériorité de ses forces, il eût probablement perdue. Il
voulait seulement le harceler, l'affaiblir, profiter du
désordre que des habitudes de pillage et une longue
marche avaient dû mettre dans l'armée ennemie.
Les circonstances le servirent à souhait. Knolles
avait dépassé le Mans avec le gros de ses forces. Mais
fort loin derrière lui marchait son arrière-garde, sous
Thomas de Granson, Gilbert Giffart et Guillaume de
Nevill. C'est ce corps d'armée que le connétable voulait
atteindre. Le général anglais, apprenant que du Guesclin était en mouvement, prit des mesures pour concentrer ses forces, appela des renforts. Mais il était
trop tard, et Bertrand sut bien mettre Granson et ses
compagnons hors d'état de le rejoindre. Cuvelier raconte que les chefs de l'arrière-garde anglaise eurent
l'imprudence d'envoyer une provocation aux Français par un héraut qui, naturellement, fit connaître à
du Guesclin l'endroit où il trouverait l'ennemi. C'é-
tait une localité de l'Anjou nommée Pontvalain, entre
le Mans et la Flèche. Le connétable reçut fort bien
cet envoyé, le fit boire à outrance et, quand il le vit
bien endormi, monta à cheval avec les plus alertes
de ses hommes d'armes. Clisson et le maréchal d'Audrehem étaient avec lui. Il galopa toute la nuit, sous
une pluie battante, sans vouloir jamais s'arrêter,
quelles que fussent la fatigue et la mauvaise humeur
de ses soldats. Beaucoup restèrent en route. A l'aube

l'infatigable capitaine n'en avait plus que 500. Mais c'était plus qu'il n'en fallait pour mettre en déroute la troupe de Thomas de Granson, qui était fort loin de s'attendre à une aussi brusque attaque. Chargés avec raideur au moment où ils s'y attendaient le moins, les Anglais ne purent se former en bataille. Ils résistèrent pourtant avec le courage du désespoir; mais leurs chefs ayant tous été tués ou pris, ils finirent par s'enfuir, non sans laisser nombre des leurs sur le terrain. Tout leur campement resta au pouvoir des vainqueurs, et du Guesclin acquit en cette journée assez de richesses pour n'avoir pas à regretter le sacrifice de sa vaisselle.

Les fuyards s'étaient retirés dans divers forts de l'Anjou. Du Guesclin les y poursuivit aussitôt et en quelques jours délivra tout ce duché des compagnies étrangères. Quant à Knolles, la nouvelle du combat de Pontvalain le terrifia. Il se hâta d'entrer en Bretagne et de licencier ses troupes pour aller s'enfermer dans son château de Derval[1]. Ses bandes, privées de direction, furent pourchassées par Clisson, qui en détruisit une au moment où elle allait se rembarquer. Le succès, en somme, fut complet. Au bout de quelques semaines, le royaume était sinon vengé, du moins débarrassé de l'invasion.

Du Guesclin, qui dès le 1er décembre était de retour à Caen, ne tarda pas à se rendre à Paris, où il reçut du peuple et de la cour l'accueil que méritait cette rapide et glorieuse chevauchée. Le roi, ayant à choisir un parrain pour son second fils[2], qui venait de naître, désigna son connétable. Bertrand tint cet

---

1. Entre Redon et Châteaubriant (Loire-Inférieure).
2. Ce prince, nommé Louis, fut plus tard duc d'Orléans et périt assassiné en 1407 par ordre du duc de Bourgogne, Jean sans Peur.

enfant et, la cérémonie achevée, lui mit dans la main une épée nue en disant : « Monseigneur, je vous donne cette épée et la mets en votre main, et prie Dieu qu'il vous donne tel et si bon cœur que vous soyez encore aussi preux et aussi bon chevalier que fut oncques roi de France qui portât épée. »

Les fêtes terminées, il reprit sans tarder la direction de la guerre. Il répétait souvent ce dicton populaire : Il faut battre le fer tant qu'il est chaud. Et il n'était pas homme à remporter des succès pour en négliger les suites. Il était d'avis que, les provinces du nord de la Loire étant délivrées, il fallait s'attaquer aux possessions anglaises les plus rapprochées de ce fleuve, c'est-à-dire au Poitou, à l'Aunis, à la Saintonge, à l'Angoumois. Il pensait en effet avec raison qu'on devait avant tout écarter l'ennemi de la Bretagne pour le refouler vers Bordeaux. De plus, la haute Aquitaine, qui avait donné le signal de la guerre et qui soutenait d'elle-même la cause française, pouvait être pour un temps abandonnée à ses propres forces. Mais dans le Poitou et les petits pays avoisinants la domination anglaise n'avait encore subi aucun échec grave ; la population, bien que peu affectionnée à l'étranger, n'avait pas bougé ; aucune ville importante ne s'était donnée à Charles V. Il était urgent d'éveiller ou d'encourager dans cette région le sentiment national. Le moment semblait fort propice. Dans le temps même où du Guesclin quittait Paris (janvier 1371), le prince de Galles, abattu par une maladie incurable, quittait Bordeaux et regagnait l'Angleterre, d'où il ne devait plus revenir. Il laissait, il est vrai, deux de ses frères, le duc de Lancastre et le comte de Cambridge, pour gouverner l'Aquitaine à sa place ; mais il ne pouvait leur laisser ni ses talents militaires ni l'ascendant tout personnel qui lui avait valu si longtemps l'obéissance de ses sujets français.

Le connétable débuta brillamment en Poitou par la prise de Moncontour[1] et par celle de Bressuire[2]. Les places fortes n'osaient guère lui résister, car on le savait impitoyable pour les garnisons qui, refusant de se rendre, l'obligeaient à donner l'assaut. Dans ce cas-là, il faisait tout tuer. Comme il n'avait généralement affaire qu'à des brigands souillés de tous les crimes, il ne se croyait pas tenu envers eux à beaucoup d'humanité. Sa dureté devenait même de la cruauté, quand il craignait que la clémence ne fût préjudiciable à la discipline qu'il avait établie parmi ses troupes. Comme ses soldats se disputaient la possession des prisonniers qu'il avait faits à Bressuire, il ordonna de mettre à mort tous ces malheureux. Il est probable que, grâce à la terreur qu'il inspirait aux compagnies anglaises et au désarroi dans lequel elles se trouvaient, il eût, dès les premiers mois de 1371, conquis tout le Poitou, s'il n'eût été tout à coup appelé à guerroyer sur d'autres théâtres. Son départ permit à l'ennemi de reprendre courage et de regagner du terrain. Moncontour fut repris par Cressewell au bout de quelques mois; et si des compagnies françaises continuèrent à occuper certains points de la province, elles ne firent durant toute cette année que des progrès insignifiants.

Un routier célèbre au service de l'Angleterre, Jean d'Évreux, était entré en Auvergne, où il avait eu de grands succès. Charles V craignit sans

1. Un peu au sud de Loudun (Vienne).
2. Département des Deux-Sèvres.

doute que les provinces du centre ne devinssent de nouveau la *chambre* des compagnies étrangères. Il se hâta d'y envoyer du Guesclin, qui, accompagné des ducs de Berry et de Bourbon, des comtes d'Alençon et du Perche, alla dans le courant de février mettre le siège devant Usson, forteresse située dans les montagnes, à peu de distance de Brioude[1]. Les rigueurs de l'hiver obligèrent le connétable, après quinze jours d'efforts infructueux, à renoncer à cette entreprise. Il alla dans le Rouergue, se dédommagea en conquérant Milhau[2] et plusieurs autres villes, balaya le pays jusqu'aux marches du Limousin et, le temps étant redevenu plus favorable, retourna devant Usson avec un puissant matériel d'attaque. Les défenseurs de cette place, sachant combien il était dangereux de le pousser à bout, capitulèrent cette fois, à condition de pouvoir se retirer dans la forteresse de Sainte-Sévère, que les Anglais occupaient dans le Berry[3]. Du Guesclin les y convoya, se promettant bien de venir un jour les en déloger, et partit pour la Normandie, où l'appelaient des intérêts graves. Nous savons en effet qu'il dut à cette époque (avril-mai 1371) s'entremettre entre le roi de Navarre, qui était alors dans son comté d'Évreux, et le roi de France. Charles le Mauvais, qui depuis deux ans négociait avec l'Angleterre, mais n'avait pu en obtenir ce qu'il voulait (le Limousin), avait fini par se tourner vers Charles V. Une réconciliation telle quelle eut lieu entre ces deux princes. Le Navarrais vint à Paris, où on lui fit fête. Du Guesclin fut un des garants du traité que conclurent ces deux beaux-

1. Département de la Haute-Loire.
2. Département de l'Aveyron.
3. Un peu au sud de la Châtre (Indre).

frères si peu faits pour s'entendre. Que l'ancien allié des Anglais ne fût pas alors fort sincère dans ses
engagements, c'est ce que la suite devait prouver.
Mais le connétable, à ce moment, était là pour le tenir en respect. Il faut croire que, malgré le contrat
récent qu'il avait signé, le roi de France redoutait
quelque mouvement ou quelque surprise en Normandie, car il y retint du Guesclin, à ce qu'il semble,
pendant toute la seconde moitié de 1371 et même un
peu au delà. Certaines places du comté d'Évreux
étaient occupées par des garnisons anglaises, notamment Conches et Breteuil[1], qui appartenaient au captal de Buch. Il fallut que le comte de Longueville al-
lât assiéger en juillet la première de ces deux villes,
et ce ne fut que le 31 janvier 1372 qu'il en obtint la
reddition.

A ce moment des ressources nouvelles permirent
au roi de pousser avec vigueur l'exécution de son
grand dessein. La conquête du Poitou et des pays
avoisinants fut résolue. On ne pouvait du reste
choisir une occasion plus favorable. Le duc de Lancastre et le comte de Cambridge, son frère, venaient
de partir pour l'Angleterre. Leur départ allait ache-
ver de désorganiser le parti anglais en Aquitaine. Il
fut donc arrêté que du Guesclin, avec les ducs de
Berry, de Bourgogne, de Bourbon et toutes les forces
qu'il pourrait réunir, irait attaquer le Poitou. Mais
il fallait pouvoir arrêter les renforts qu'Édouard III
enverrait par mer au captal de Buch, chargé de défendre ce pays. Charles V devait obtenir ce résultat
par l'alliance de la Castille, qui lui valut le concours
d'une puissante flotte. En effet, le mariage récent du

1. Département de l'Eure.

duc de Lancastre avec une fille de Pierre le Cruel avait eu pour conséquence immédiate de resserrer les liens qui unissaient Henri de Transtamare au roi de France. Un traité, tant pour l'offensive que pour la défensive, venait d'être conclu entre ces deux souverains. Au printemps une flotte castillane de cinquante-trois gros navires, commandés par Boccanegra, Cabeça de Vaca et deux autres chefs illustres, partit de Santander et vint croiser à la hauteur de la Rochelle, pendant que le connétable, par le Limousin (redevenu tout à fait français), débouchait dans le sud du Poitou.

Charles V, qui comme du Guesclin avait des espions partout, connaissait à merveille tous les plans d'Édouard III. Il savait que le roi d'Angleterre allait envoyer son gendre, le comte de Pembroke, au secours du Poitou et que ce général devait débarquer à la Rochelle. Une autre expédition, dont les préparatifs devaient durer quelque temps encore, serait conduite à Calais par le duc de Lancastre, qui aurait pour but de mener ses troupes à Bordeaux en pillant toute la France. Le roi de France, lui aussi, alla au plus pressé. La flotte castillane était depuis quelque temps en vue de l'Aunis [1], lorsque l'escadre de Pembroke fut signalée. On était au 23 juin. Les Espagnols, fortement embossés en avant de la Rochelle, arrêtèrent net les Anglais. Ceux-ci se défendirent bien, il est vrai, et la première journée de combat n'eut aucun résultat. Pembroke eût été sauvé si les Rochelois, qui avaient dans leur port un grand nombre de navires à l'ancre, fussent venus à son secours; mais ils étaient Français de cœur et ne souhaitaient rien tant

---

1. Petit pays dont la ville principale était la Rochelle et qui a formé une partie du département de la Charente-Inférieure.

que la défaite des Anglais. Ils ne bougèrent pas,
malgré toutes les prières qu'on put leur adresser.
Aussi, le lendemain 24, Pembroke, dont les vaisseaux,
accrochés et assaillis de toutes parts, ne pouvaient
lutter contre la supériorité numérique de la flotte
castillane, fut-il non seulement vaincu, mais fait prisonnier avec tous ceux des siens qui échappèrent au
carnage.

Les garnisons anglaises du Poitou allaient donc être
abandonnées à elles-mêmes. Or elles avaient fort à
faire, à ce moment même, pour déjouer les attaques
de du Guesclin. Le connétable, plus hardi, plus actif
que jamais, toujours aux aguets, sans cesse informé
par ses nombreux espions des mouvements et des
plans de l'ennemi, soutenu moralement par la population du pays, qui ne demandait qu'à se *tourner
française*, avait lui aussi ouvert la campagne par
des victoires. Au début, après avoir emporté plusieurs
places de second ordre, il s'avance vers la capitale de
la province dans l'espoir que, la ville étant mal gardée
et les habitants l'appelant de tous leurs vœux, il lui
sera facile d'y entrer par surprise. C'est sans doute à
ce moment qu'il fait main basse sur les châteaux pos-
sédés par l'évêque de Poitiers. Il cherche à démontrer
au gouverneur de l'un d'eux que le clergé n'a aucun
droit aux biens temporels. « Quand vous serez pape,
lui réplique ce capitaine, vous y mettrez ordre. »
Après avoir campé en vue de Poitiers, le connétable
reconnaît sans doute qu'il n'y a pas pour le moment
de coup de main à tenter. Il pousse jusqu'à Moncontour, où pendant six jours les routiers anglais Cressewell et Holegrave bravent tous ses efforts. Enfin,
après avoir comblé les fossés et fait brèche dans la
muraille, il se rue dans la forteresse. La garnison,

tremblant d'être pendue, se hâte alors de se rendre. Du Guesclin se borne cette fois à une seule exécution, celle d'un homme qui s'était permis de faire outrage à son blason. Moncontour est à peine conquis, qu'il se remet en route. Il y a dans le Berry, un peu au-sud de la Châtre, un nid de brigands qu'il connaît bien et dont il rêve depuis longtemps de s'emparer. C'est le château de Sainte-Sévère, d'où les compagnies anglaises répandent la terreur jusque dans la Marche et le Limousin. Il est temps d'ôter ce refuge aux bandits. D'ailleurs, le rusé connétable tient sans doute, en s'éloignant momentanément du Poitou, à faire naître en ce pays une sécurité, par suite une négligence dont il saura bien profiter.

Sainte-Sévère, défendue par Guillaume Percy, gentilhomme de haute valeur, résiste énergiquement. Le captal de Buch, qui brûle de se mesurer une fois de plus avec du Guesclin, marche au secours de la place avec quinze cents hommes. Il approche de Sainte-Sévère. Guillaume Percy le sait. Mais le connétable, au courant de tout, ne l'ignore pas non plus. Aussi va-t-il se hâter de donner un assaut décisif. Un de ses hommes, ayant laissé tomber sa hache dans le fossé de la forteresse, descend pour la reprendre. D'autres le suivent. Ils ont alors l'idée de pratiquer une brèche dans la muraille. Du Guesclin lance aussitôt toute l'armée. Le duc de Bourbon était à table. « Assez mangé et bu, lui dit-il, vous achèverez là-haut ce soir. » Les assaillants escaladent les remparts ; à leur tête est un routier fameux, Alain Taillecol, l'abbé de Malepaye, comme on l'appelle, qui à lui seul fait plus de besogne qu'une compagnie. Mais la garnison se défend si bien que les Français reculent et montrent quelque lassitude. Le connétable fait aussitôt amener plusieurs tonneaux de vin. Ses soldats boivent à longs traits et retournent au combat. Enfin, après plusieurs heures de tuerie, Guillaume Percy et tous les siens se rendent à merci. Le vainqueur fait grâce de la vie à ceux d'entre eux qui peuvent prouver qu'ils sont Anglais. Tous les autres, qui sont Français, sont traités en traîtres et en rebelles et immédiatement pendus aux arbres du voisinage.

L'armée de secours conduite par le captal apprend peu d'instants après le triomphe du connétable. Elle n'ose plus venir lui offrir bataille. Pendant qu'elle se retire, Bertrand reçoit avis que la ville de Poitiers se trouve pour le moment dégarnie de troupes. Les habitants se sont soulevés. Le maire, Jean Regnault, ne peut les contenir. Ils appellent les Français. Le parti de du Guesclin est bientôt pris. Il faut profiter d'une occasion qui ne se représentera peut-être jamais. Il prend avec lui trois cents lances, galope sans s'arrêter, sans s'inquiéter des éclopés ni des retardataires, pendant toute une nuit et tout un jour. Il entre enfin dans la ville, au milieu des acclamations populaires. Juste à ce moment, une troupe de cent lances, envoyée en toute hâte par le captal pour prévenir cette surprise, arrive à une lieue de Poitiers. Elle apprend le succès des Français et rétrograde tristement; les Anglais peuvent dès lors regarder le Poitou comme perdu. Le découragement est tel parmi eux, qu'ils rompent leur chevauchée et se séparent en trois corps qui vont s'enfermer le premier à Thouars, le second à Saint-Jean d'Angély et le troisième à Niort[1]. Ce dernier, tant le sentiment national

---

1. Le premier corps se composait surtout de Poitevins, le second de Gascons, le troisième d'Anglais. Thouars et Niort sont situés dans les Deux-Sèvres, Saint-Jean-d'Angély dans la Charente-Inférieure.

commence à éclater en Poitou, doit conquérir cette
ville sur les gens des métiers, qui lui ont fermé les
portes, et ce n'est qu'après avoir massacré une
partie de la population qu'il parvient à s'y établir.

A partir de ce moment, l'étranger sent de plus en
plus le terrain manquer sous ses pieds. Les Anglais
éprouvent d'abord un irréparable malheur en perdant
le captal de Buch, qui se fait prendre avec plusieurs
centaines des siens, devant Soubise[1], par Owen de
Galles, hardi partisan au service de la France. Saint-
Jean d'Angély, qu'il occupait, se trouve maintenant
presque sans défense. Les troupes de du Guesclin
accourent et cette place se rend. Taillebourg[2], Angoulême ouvrent aussi leurs portes avec enthousiasme. Les habitants de Saintes veulent en faire
autant; mais leur gouverneur anglais leur fait peur.
Leur évêque leur insinue l'idée de l'incarcérer. Le
conseil est suivi, et la ville aussitôt redevient française. Bref, en quelques semaines, l'irrésistible force
d'un patriotisme trop longtemps contenu arrache à
la domination anglaise, presque en entier, la Saintonge, l'Angoumois et l'Aunis.

Rien n'était fait cependant tant que la Rochelle ne
serait pas reconquise. Cette grande place maritime
était pour les Anglais aussi importante que Calais et
Bordeaux. Par là ils pouvaient toujours reprendre
le Poitou ; mais les Rochelois ne demandaient qu'à
redevenir Français. Il est vrai qu'ils voulaient en
même temps, en ce qui concernait leurs libertés
locales, faire leurs conditions avec Charles V. Grâce
à du Guesclin, tout s'arrangea. Le connétable, pour
ne point effaroucher une population si jalouse de

1. Près de l'embouchure de la Charente (Charente-Inférieure).
2. Sur la Charente (Charente-Inférieure).

ses privilèges, ne vint pas attaquer la ville; mais
Owen de Galles, avec une nombreuse flotte, la bloqua
du côté de l'Océan, sans lui faire du reste aucun
mal. Il était secrètement d'accord avec les habitants,
et il était entendu qu'il devait se borner à empêcher
les renforts envoyés par Édouard III de pénétrer dans
le port. Pendant ce temps du Guesclin, qui se tenait
à Poitiers, entretenait des relations avec les chefs
de la municipalité rocheloise, qu'il exhortait à profiter de la première occasion venue pour se débarrasser des Anglais. Le maire, Jean Chaudrier, en fit
naître une avec autant d'ingéniosité que de hardiesse.
La citadelle de la Rochelle n'était pour le moment
occupée que par une petite compagnie d'hommes
d'armes que commandait un certain Philippot Mansel, gentilhomme fort ignorant et plus que naïf. Un
jour Chaudrier montre à ce capitaine une lettre
qu'il dit avoir reçue du roi d'Angleterre et par laquelle
il lui est enjoint de passer en revue la milice com-
munale et la garnison du château et de payer aux
soldats anglais l'arriéré de solde qui leur est dû.
L'opération aura lieu le lendemain sur l'esplanade
qui borde la citadelle. Mansel, qui ne sait pas lire, ne
met nullement en doute l'authenticité de cette pièce.
A l'heure indiquée, il sort du château avec tous ses
hommes. Mais aussitôt plusieurs centaines de Rochelois, armés de pied en cap, débouchent des maisons voisines, se placent entre sa troupe et la forteresse, le cernent et le réduisent à se rendre. La
citadelle est occupée. Les bourgeois s'empressent
aussitôt de la démolir. Ils demandent ensuite au roi la
promesse qu'elle ne sera pas rebâtie, sans compter
l'engagement de ne jamais exiger de la ville d'impôts
non consentis et de ne jamais l'aliéner du domaine

royal. Ces conditions et d'autres encore sont acceptées, et le 15 août 1372, du Guesclin et le duc de Berry, accueillis en triomphateurs, entrent à la Rochelle sans rencontrer d'autre obstacle qu'un fil de soie tendu, comme symbole de la facilité avec laquelle les rois pourront désormais disposer de la ville, s'ils respectent ses privilèges.

Tant d'exploits donnaient au connétable le droit de regarder la campagne comme terminée ; mais il ne voulait pas qu'il restât un seul Anglais dans l'Aunis et le Poitou. Il avait à peine pris possession de la Rochelle, qu'il courut assiéger Benon, forteresse voisine dont la garnison était redoutée à plusieurs lieues à la ronde. Ce fut là une rude opération. Trois assauts successifs échouèrent ; les défenseurs du fort furent secondés par une compagnie anglaise qui vint se jeter sur les assiégeants. Mais du Guesclin avait juré de les prendre et de les tuer tous. Ils avaient horriblement mutilé six Rochelois. Ils avaient causé la mort d'un écuyer fort cher au connétable. Aussi n'obtinrent-ils de lui nul pardon. Il les fit tous périr comme il l'avait dit. Cuvelier cependant rapporte que ce massacre fut l'œuvre personnelle de Clisson, qui, pour venger Geffroy Payen, tué par les défenseurs de Benon, s'arma d'une hache et les abattit tous les uns après les autres, quand ils sortirent vaincus de la forteresse.

Fort peu après, du Guesclin alla investir Thouars, forte ville du bas Poitou où ceux des seigneurs du pays qui tenaient encore pour Édouard III s'étaient réfugiés avec plusieurs compagnies anglaises ; ayant résisté quelque temps, les assiégés finirent par proposer au connétable une suspension d'armes qui devait durer jusqu'au 30 novembre. Si, passé ce terme, ils n'avaient été secourus ni par Édouard III ni par un de ses fils (en personne), ils s'engageaient à ouvrir la place et à devenir bons Français. L'accord fut conclu à cette condition. Le roi d'Angleterre, dès qu'il en eut connaissance, jugea bien que le moment était venu de faire un grand effort pour reprendre le Poitou. Si la fidélité chancelante des seigneurs poitevins n'était au plus tôt raffermie par un puissant renfort, c'en était fait de ce pays. Édouard assembla donc en toute hâte une grosse armée, annonça qu'il la commanderait en personne et s'embarqua avec le duc de Lancastre, qui, de cette année, ne put se rendre à Calais. Le prince de Galles, quoique fort malade, voulut être aussi de l'expédition. Mais les éléments semblèrent conjurés en faveur de la France. Pendant neuf semaines la flotte anglaise s'efforça de prendre la haute mer et de gagner les côtes du Poitou. Elle fut constamment rejetée par les vents et par les flots vers la Grande-Bretagne. Au milieu de ces contre-temps, le délai fixé par les assiégés et par du Guesclin expira. Thomas de Felton, sénéchal de Bordeaux, ayant réuni tout ce qu'il y avait de troupes anglaises en Aquitaine, se porta jusqu'à Niort et fit dire à la garnison de Thouars qu'il était tout prêt à la secourir; mais les nobles réunis dans cette place répondirent qu'ils ne pourraient sans déloyauté accepter son offre. Felton s'en retourna. Du Guesclin, qui, en prévision d'une bataille rangée contre le roi d'Angleterre, avait fait venir 15 000 hommes d'armes et 30 000 fantassins, prit enfin possession de la ville, renvoya une grande partie de son monde et alla prendre ses quartiers d'hiver à Poitiers.

Il ne se reposa du reste que fort peu de jours. Dès le commencement de 1373 il était de nouveau en campagne. Avec sa ténacité de Breton, il ne voulait pas quitter le Poitou avant de l'avoir entièrement délivré. Pendant que ses lieutenants assiégeaient diverses villes du bas pays, il alla attaquer les places que les Anglais occupaient encore entre Poitiers, la Rochelle et Angoulême. Il en avait sans doute déjà réduit quelques-unes lorsqu'il se présenta avec environ 1500 hommes, presque tous Bretons, devant le petit fort de Chizé[1], où se tenaient deux chefs de bandes nommés Robert Miton et Martin l'Escot. Il commença par établir des postes tout autour de ce château et, par précaution, se retrancha derrière des palissades. Les assiégés, peu nombreux, désespérèrent bientôt de pouvoir lui résister s'ils n'étaient secourus. Ils parvinrent à faire passer à travers les lignes françaises un messager qui alla jusqu'à Niort, à quelques lieues de là, exposa leur situation et demanda du renfort. Une petite armée de secours, composée de sept cents hommes d'armes et de trois cents fantassins, se forma aussitôt sous Jean d'Évreux, Cressevell et quelques autres chefs renommés. Mais avec quelque promptitude qu'elle se fût mise en route, du Guesclin avait été informé de sa marche. Il était donc préparé au choc lorsque, le 21 mars, cette petite armée approcha de Chizé. Il sut du reste, suivant son habitude, admirablement profiter des fautes de l'ennemi. Les Anglais de Niort, ayant rencontré un convoi de vin, le pillèrent, burent à outrance et, arrivés en vue de la place, n'éprouvèrent tout d'abord d'autre besoin que celui de se reposer. Robert Miton et Martin l'Escot, qui les avaient aperçus du haut des murailles, pensèrent que Jean d'Évreux allait

---

1. A quelques lieues au sud de Niort (Deux-Sèvres).

charger sans retard et crurent de leur devoir d'o-
pérer tout aussitôt une vigoureuse sortie. Mais du
Guesclin, qui avait tout observé, put leur faire face
avec toutes ses troupes. En quelques instants leur
petite troupe fut taillée en pièces, et eux-mêmes
furent contraints de se rendre. Tout était fini quand
l'armée de secours s'ébranla à son tour pour l'attaque. Le connétable avait eu le temps de diviser ses
forces en trois corps dont l'un, commandé par lui-
même, devait se porter droit sur l'ennemi, tandis
que les deux autres, formant les ailes sous Alain de
Beaumanoir et Geoffroy de Karismel, devaient manœuvrer de façon à l'envelopper. Les chefs anglais
eurent la malencontreuse idée d'envoyer en avant
leurs trois cents fantassins, qui pour la plupart
étaient Français de naissance. Quand ces pauvres
gens furent devant les palissades, du Guesclin les fit
interpeller par ses soldats, qui leur dirent que les
Anglais avaient voulu les sacrifier, qu'ils avaient tout
à gagner en passant du côté de leurs compatriotes,
tout à perdre en les combattant, car on ne leur ferait
pas de merci. Au bout de quelques instants ils se
rallièrent tous à l'armée royale, renseignèrent le
connétable sur les forces et les dispositions de l'ennemi et demandèrent à marcher avec les Français.
Aussitôt Bertrand, ayant fait scier ses palissades, se
précipita à la tête d'une troupe bien ordonnée, la
lance en arrêt, sur les Anglais, qui avaient eu l'idée
bizarre de jeter leurs lances pour ne se servir que de
leurs haches et de leurs épées. Du premier coup il
les mit dans un affreux désordre. Une mêlée sanglante s'engagea, où le connétable plus que jamais
paya de sa personne. Ayant pris à partie un des chefs
de l'armée ennemie, il parvint de la main à lui rele-

ver le heaume et lui creva un œil d'un coup de poignard. Les troupes de Jean d'Évreux, qui étaient vaincues, on peut le dire, dès le commencement de l'action, furent presque entièrement exterminées, grâce au mouvement convergent des deux ailes de l'armée française. Ce qui ne fut pas tué demeura au pouvoir des vainqueurs. Et comme après la bataille les Français se disputaient la propriété des prisonniers, du Guesclin fit (s'il faut en croire Cuvelier) tuer tout ce qui restait d'Anglais, à l'exception de quelques chefs qui furent réservés pour payer rançon.

La victoire de Chizé fut si complète, qu'elle anéantit les dernières espérances des Anglais dans le Poitou et les territoires avoisinants. Presque aussitôt après l'action, le connétable, qui avait pris possession de Chizé, courut à Niort. Il avait fait revêtir, paraît-il, ses soldats des tuniques de toile ornées de croix rouges que portaient la veille les soldats de Jean d'Évreux. C'est grâce à ce stratagème qu'il serait entré dans Niort. Il est beaucoup plus probable que les habitants de cette ville, qui depuis longtemps souhaitaient sa venue, lui en ouvrirent spontanément les portes. Du reste, tout ce qui tenait encore pour les Anglais dans cette région s'empressa de faire sa soumission. Au bout de quelques jours du Guesclin put sans inquiétude quitter le Poitou et retourner à Paris, où le roi l'attendait. Une année lui avait suffi pour reconquérir de toutes pièces et rattacher à jamais à la France la partie de l'Aquitaine où la domination anglaise paraissait le plus solidement établie. Réoccuper le reste, après cela, ne paraissait qu'un jeu.

CHAPITRE V

(1373-1375)

Malgré une longue suite de revers, l'Angleterre
était loin de s'avouer vaincue. Edouard III, vieilli,
trahi par la fortune, semblait n'avoir rien perdu de
son orgueil ni de sa confiance dans l'avenir. En 1371,
le pape Grégoire XI ayant voulu lui faire accepter une
trêve, il avait repoussé tout arrangement non con-
forme au traité de Brétigny. En 1373, après la conquête du Poitou par les Français, il s'apprêtait encore à reprendre l'offensive. Un de ses fils, le duc de
Lancastre, avec une grosse armée, allait descendre à
Calais. Mais Edouard comptait moins sur le succès
de cette expédition que sur les résultats de sa récente
alliance avec le duc de Bretagne.

Jean de Montfort avait rendu hommage à Charles V
en 1366, mais il n'avait pas oublié pour cela qu'il devait sa couronne aux Anglais. Toutes ses sympathies
le portaient vers le roi qui, après avoir été son tuteur,
était devenu son beau-père et l'avait fait triompher
de son rival à Auray. Il ne pouvait voir qu'avec peine

sa puissance balancée dans son propre domaine par la popularité d'un de ses vassaux qui, commandant en chef les armées de Charles V, entraînait et retenait au service de ce prince toute la noblesse bretonne. Les plus grands seigneurs du duché s'honoraient d'être les lieutenants de du Guesclin. Ce dernier étant devenu veuf, en 1372, le chef de la maison de Laval lui fit, dès l'année suivante, épouser sa fille en secondes noces [1]. Clisson, jadis ami des Anglais, était maintenant frère d'armes de du Guesclin. Les Rohan, les Avaugour, les Beaumanoir, les Retz lui amenaient leurs hommes et se faisaient gloire de prendre part à ses campagnes. Les paysans de Bretagne s'enrôlaient en foule dans ses compagnies. Il n'y avait, dans tout le duché, qu'un seul seigneur qui tînt encore pour le roi d'Angleterre : c'était Robert Knolles, châtelain de Derval. Jean de Montfort se sentait isolé au milieu de ses sujets. Craignant peut-être qu'ils n'appelassent les Français, il s'allia, dès le mois de juillet 1372, avec Edouard III, qui lui envoya quelques centaines d'hommes.

Les Bretons commencèrent à murmurer. Aussi le duc, ne se croyant plus en sûreté, invoqua de nouveau l'assistance de l'étranger. Dans les premiers mois de 1373 le comte de Salisbury lui amena, de la part d'Edouard, quatre mille hommes, qui descendirent à à Saint-Malo [2] et fournirent des garnisons à un grand nombre de places.

A cette nouvelle, toute la noblesse du duché, à très peu d'exceptions près, se souleva. Beaucoup de villes manifestèrent aussi avec éclat leur mécontente-

1. Du Guesclin n'a laissé d'enfants ni de l'un ni de l'autre de ses deux mariages.
2. A l'embouchure de la Rance (Ille-et-Vilaine).

ment. Les plus hauts seigneurs de Bretagne, et du Guesclin à leur tête, déclarèrent au roi, sans hésiter, qu'à leurs yeux le duc avait *forfait* sa terre et qu'il méritait d'en être dépossédé jusqu'à ce qu'il rentrât dans le devoir. Cet avis s'accordait trop bien avec celui de Charles V pour que ce prince ne s'empressât pas de saisir l'occasion qui lui était offerte d'occuper la presqu'île. Le connétable, qui connaissait le pays mieux que personne, fut chargé de diriger l'opération. Dès le mois d'avril il se rendit à Angers, réunit quatre mille hommes d'armes et dix mille gens de pied et bientôt après entra en Bretagne. Les nobles du duché accoururent en foule autour de lui. Les Clisson, les Beaumanoir, les Rohan tenaient à honneur, en combattant sous ses ordres sur leurs propres terres, de montrer leur horreur pour l'alliance anglaise.

Dès que l'armée française eut pénétré sur son domaine, Jean de Montfort prit peur et, loin de disputer le terrain, se hâta de passer en Angleterre. C'était faire la partie belle au roi de France. En moins de deux mois du Guesclin, accueilli presque partout en libérateur, parvint jusqu'à l'extrémité occidentale de la presqu'île. Peu de villes lui fermèrent leurs portes ; encore leur résistance fut-elle fort courte. Le nom du connétable était comme un drapeau autour duquel les populations bretonnes étaient heureuses de se rallier. Il eût fallu, pour compléter ce succès, s'emparer de Brest. Mais là se tenait le comte de Salisbury, avec la majeure partie de ses troupes. La place paraissait imprenable par terre ; du Guesclin ne pouvait l'attaquer par mer. Il avait hâte, d'autre part, d'aller saisir la grande ville de Nantes. Il se retira donc vers le sud-ouest. Il était sans doute fort con-

trarié. Sa mauvaise humeur se tourna contre les habitants d'Hennebont [1], petite place qui se trouvait
sur son passage et qui refusa de se rendre. « Hommes
de la ville, leur cria-t-il, nous vous aurons malgré
vous et entrerons dans Hennebont, puisque le soleil
y peut entrer ; mais sachez que si nul de vous se
met à défense, nous lui ferons sans déport trancher
la tête, et à tout le demeurant, hommes, femmes et
enfants, pour l'amour de lui. » La menace fit immédiatement son effet. Les habitants obligèrent la garnison à capituler.

Continuant sa route, le connétable soumit encore
quelques châteaux et, avant d'entrer à Nantes, voulut s'emparer de l'importante forteresse de Derval
(entre Châteaubriant et Redon). Robert Knolles, qui
en était seigneur, se trouvait alors à Brest. Bertrand,
apprenant que le comte de Salisbury venait de quitter cette dernière ville, détacha aussitôt mille lances
qui, sous Clisson, allèrent l'investir. Knolles se trouva
donc dans l'impossibilité de venir défendre son château. Hugues Broec, chevalier, qui commandait pour
lui à Derval, se vit bientôt serré de si près, qu'il crut
devoir entrer en pourparlers avec les assiégeants. Un
accord fut conclu, aux termes duquel la forteresse
devait être livrée aux Français si, au bout de quarante jours, un corps d'armée aussi nombreux au
moins que la garnison n'était venu la secourir. Du
Guesclin s'éloigna donc après s'être fait livrer des
otages et atteignit enfin Nantes, où il n'entra qu'a-
près avoir promis aux habitants de rendre la ville à
Jean de Montfort dès que ce dernier serait redevenu
bon Français [2].

1. Un peu au nord de Lorient (Morbihan).
2. En se rendant à Nantes, le connétable se rapprocha du duc

Robert Knolles ne tarda pas à apprendre le traité de Derval. Comme il tenait beaucoup plus à son château qu'à la ville de Brest, il n'eut plus dès lors en tête que de quitter la place dont la défense lui avait été confiée pour aller sauver son domaine. Lui aussi conclut avec les assiégeants un de ces accords si fréquents dans les guerres du moyen âge. Il fut convenu que Brest serait rendu aux Français si dans un mois elle n'avait été *confortée* d'une armée assez puissante pour livrer bataille au connétable (6 juillet). Aussitôt Clisson se retira vers Nantes ; Knolles courut à Derval, désavouant la convention signée par son lieutenant et jurant que nulle puissance au monde ne lui ferait abandonner son château.

Il avait, il est vrai, avant de quitter Brest, averti Salisbury, qui croisait sur les côtes de Bretagne, de l'accommodement dans lequel il venait d'entrer. L'Anglais, sans retard, débarqua avec quelques milliers d'hommes et envoya prévenir le connétable qu'il l'attendait aux environs de Brest pour le combattre. Du Guesclin, qui avait sans doute (nous verrons tout à l'heure pourquoi), l'ordre de ne pas risquer de bataille, lui fit dire de s'avancer dans l'intérieur. Salisbury répondit qu'il n'avait pas de chevaux ; que si on voulait bien lui en envoyer, il épargnerait à son adversaire la moitié du chemin. Bertrand refusa et vint avec ses troupes jusqu'à une journée de Brest. Les Anglais, toujours à pied, ne bougèrent pas. Finalement, la bataille n'eut pas lieu. Le lieutenant d'Edouard III secourut la ville, et le connétable, renonçant à la prendre, reprit le chemin de Nantes.

d'Anjou. Ce prince assiégeait alors la Roche-sur-Yon, la seule place importante du Poitou que les Français n'eussent pas recouvrée. Il la prit et vint rejoindre du Guesclin.

Il ne regagna pourtant pas cette ville. Le délai fixé par le traité de Derval étant expiré, les Français reparurent devant ce château et le sommèrent de se rendre. Knolles, qui y était entré presque seul, ne pouvait être considéré comme ayant porté le secours stipulé par la convention. Mais il soutenait, lui, que cette convention était nulle et que Hugues Broec, en la signant, avait outrepassé ses droits. Le duc d'Anjou, qui avait rejoint du Guesclin et qui était un homme violent, lui fit dire que, s'il ne cédait pas, il allait mettre à mort les quatre otages de Derval que le connétable avait mis sous sa garde. Robert répondit fièrement qu'il userait de représailles. Aussitôt le duc, transporté de fureur, fit couper la tête à ses prisonniers, sous les yeux mêmes de Knolles, qui d'une fenêtre regardait l'exécution. L'Anglais aussi tint parole. Quatre gentilshommes français furent décapités sur une table, à la vue des assiégeants. Leurs têtes et leurs corps furent jetés dans le fossé. Ainsi se termina l'affaire de Derval. Du Guesclin dut renoncer à prendre cette forteresse. Le roi, qui peu auparavant n'avait pas voulu qu'il compromît son armée en livrant bataille, avait besoin de lui et le rappelait à Paris pour l'opposer au duc de Lancastre.

Le fils d'Edouard III venait de débarquer à Calais (juillet 1373) avec le duc de Bretagne. Il amenait onze ou douze mille hommes, tous soldats d'élite, et le matériel de guerre nécessaire pour une longue campagne. Il avait jusqu'à des moulins à main et des fours portatifs. Son dessein était de traverser toute la France en la pillant de son mieux, pour faire désirer la paix, et d'aller relever la cause britannique en Aquitaine. Il fit en effet d'horribles dégâts en Artois, en Picardie, brûla des villages, détruisit des ré-

coltes, exigea des rançons, tout comme Robert Knolles
en 1370. Mais il ne put prendre aucune ville, et bientôt il ne trouva même plus rien à piller. Charles V,
en prévision de cette chevauchée, avait fait mettre
toutes les forteresses en parfait état de défense. Dès
que les Anglais eurent pénétré dans le royaume, il
ordonna aux populations rurales d'évacuer leurs
demeures et de se retirer, avec leurs denrées et leurs
bestiaux, dans les enceintes fortifiées. Ses instructions furent presque partout ponctuellement exécu-
tées ; si bien que les ducs de Lancastre et de Bretagne, en arrivant en Champagne, ne trouvèrent plus
que le désert.

Comme ils avaient assez de troupes pour entreprendre quelques sièges, il fallait les intimider par
un grand déploiement de forces. C'est pour cela que
Charles V rappela de Derval du Guesclin avec son
armée. Le connétable, consulté dans un conseil so-
lennel sur le meilleur système de guerre à employer
contre les Anglais, approuva sans réserve les dispositions purement défensives que le roi venait de
prendre. Suivant lui, il fallait se souvenir de Crécy et
de Poitiers, éviter toute bataille rangée, suivre et
côtoyer l'ennemi sans relâche, le tenir toujours en
respect, l'écarter des villes, l'affamer, le harceler.
Par ce procédé on en triompherait sûrement et on
lui ôterait l'envie de revenir. Clisson fut tout à fait
du même avis. « Les besognes de France, dit-il,
sont maintenant en grand état, et ce que les Anglais
y ont tenu par subtilement guerroyer, ils l'ont perdu.
Donc, cher sire, si vous avez eu bon conseil et l'avez
cru, croyez-le encore. » Le duc d'Anjou partageait
aussi cet avis. Il fut donc décidé que du Guesclin,
avec toutes ses troupes et celles qu'il pourrait encore

réunir, se rendrait en Champagne. Nous le voyons
en effet, peu de jours après, à Troyes, où il tient tête
à Lancastre. De là, s'attachant aux pas de ce prince,
lui fermant la retraite, l'empêchant de s'écarter à
droite ou à gauche, couchant et mangeant dans les
villes pendant que l'ennemi meurt de faim en pleins
champs, l'épuisant par de continuelles escarmouches,
le connétable pousse cette armée démoralisée vers
les provinces du centre. Plus les Anglais avancent,
moins ils trouvent de vivres. Leur marche n'est bientôt plus qu'une déroute. En Auvergne le froid ne
leur est pas moins funeste que la faim. Ils perdent
les deux tiers de leurs chevaux, doivent abandonner
leur matériel, leurs bagages, presque tout leur butin.
Pour augmenter ce désarroi, les ducs de Lancastre
et de Bretagne se brouillent et se séparent. Du Guesclin, qui les a poursuivis jusqu'en Périgord, leur inflige en diverses rencontres de sanglantes leçons.
Enfin cette belle armée, sur laquelle Edouard III avait
fondé tant d'espérances, atteint Bordeaux en plein
hiver, diminuée de moitié et hors d'état pour longtemps de reprendre la campagne (décembre 1373).

Après cette laborieuse marche, le connétable entreprit en janvier ou février 1374 une grande expédition dans la haute Gascogne. Cette fois il s'agissait,
non plus de combattre les Anglais, mais de mettre à
la raison un certain nombre de seigneurs français
qui, après avoir secoué l'autorité d'Edouard III, faisaient mine de décliner celle de Charles V. Cantonnés
dans les hautes vallées et sur les contreforts des
Pyrénées, ces vassaux peu dociles visaient à l'indépendance et ne croyaient pas que la puissance du
roi pût jamais les atteindre. Leur confiance diminua
quand ils apprirent que du Guesclin et le duc d'An-

jou, qui avaient réuni à Périgueux plus de quarante
mille hommes, s'avançaient contre eux à marches
forcées.

L'armée royale, après avoir soumis les seigneurs
du Marsan, de la Chalosse et du Bigorre, marcha
contre le plus puissant baron des Pyrénées, le comte
de Foix [1], qui plus qu'aucun autre se comportait
en prince souverain. Il avait fait jusqu'alors très fière
contenance. Mais quand il vit du Guesclin sur ses
terres, il devint plus traitable. Par une convention
qu'il signa vers la fin de mars, il prit l'engagement
de rendre hommage et obéissance à Charles V si,
avant le 10 avril, le roi d'Angleterre ou un de ses
lieutenants ne venait devant Moissac livrer bataille
aux Français et ne réussissait à les vaincre. Peu
après, le terme fut reculé jusqu'au 15 août. Le combat, du reste, n'eut pas lieu. Les ducs de Lancastre
et de Bretagne, tant bien que mal réconciliés, se
tenaient à Bordeaux, mais n'avaient pas d'argent
pour entrer en campagne. La plupart de leurs soldats les avaient abandonnés. Deux légats du pape,
qui depuis longtemps les pressaient d'entrer en
arrangement avec les Français, les déterminèrent à
signer une trêve qui devait durer jusqu'au dernier
jour d'août. Ils partirent tout aussitôt, l'un pour
l'Angleterre, l'autre pour la Bretagne. Lorsque approcha la *journée* de Moissac, le sénéchal de Bordeaux,
Thomas de Felton, réunit péniblement quelques centaines d'hommes et marcha vers le rendez-vous, plutôt pour sauver l'honneur de son roi que dans l'espoir de remporter une victoire. Il n'eut même pas à

---

1. Du comté de Foix, qui a formé le département de l'Ariège,
dépendaient alors de nombreux fiefs situés dans diverses parties de la
Gascogne.

tirer l'épée. Du Guesclin et le duc d'Anjou refusèrent
de se mesurer avec lui, par la raison que le traité
signé par Lancastre emportait cessation de toutes
hostilités de la part des Anglais jusqu'à la fin du
mois. Felton ne demandait sans doute qu'un prétexte
honorable pour se retirer. Il ne protesta pas. Le
comte de Foix, sommé de tenir sa parole, s'exécuta,
et dès ce moment le roi de France fut obéi dans
toute la haute Gascogne comme il l'était dans le Poitou et le Limousin.

Le dernier jour d'août passé, le connétable reprit
les armes et se tourna contre les Anglais. L'armée
française, par l'Armagnac et l'Agenais, se jeta sur le
Bordelais dans la première quinzaine de septembre.
Tout le pays, dit Froissart, trembla devant elle. En
quelques semaines, plus de quarante villes ou châteaux capitulèrent. Rien ne résistait à l'élan de conquête qui emportait les troupes royales et que secondait si bien le patriotisme des Aquitains. Il semblait
que Bordeaux, resserré de plus en plus par les vainqueurs, dût aussi prochainement succomber. C'eût
été le dernier coup pour la domination anglaise en
France. Mais à partir de novembre les hostilités se
ralentirent singulièrement. Des négociations sérieuses
venaient de s'ouvrir entre Edouard III et Charles V.
Elles avaient lieu tout à la fois à Calais et à Saint-
Omer. Le connétable, mandé pour les protéger contre
les compagnies de brigands qui infestaient l'Artois et
une partie de la Flandre, quitta l'Aquitaine avec une
partie de ses troupes, et la guerre, sous le duc
d'Anjou, ne fit plus que languir.

S'il faut en croire Froissart, du Guesclin, venant
du midi, passa par la Bretagne, où il obtint la reddition
du château de Bécherel. Le séjour qu'il fit ensuite

dans les provinces du nord ne fut pas de longue durée. Les envoyés des deux rois finirent par consentir à s'aboucher et allèrent continuer leurs négociations à Bruges, en pleine Flandre, où les compagnies n'osaient guère s'aventurer. Il est probable que ce déplacement eut lieu dans les derniers jours de 1374 ou tout au commencement de 1375 et qu'à cette époque le connétable retourna vers Charles V, qui lui donna bientôt une nouvelle mission.

Des soldats licenciés récemment s'étaient réunis près de Paris sous la conduite d'un certain Jean le Bigot, capitaine de quelque réputation, et ravageaient les environs de la capitale. Du Guesclin fut chargé de les poursuivre, en janvier 1375. Les atteindre, en déterminer une partie à rentrer avec leur chef au service du roi, capturer et faire pendre les autres, ce fut l'affaire de quelques jours. Le connétable, ayant pacifié l'Ile-de-France, se rendit alors, si l'on doit ajouter foi au récit de Froissart, dans le Cotentin et devant la redoutable position de Saint-Sauveur-le-Vicomte [1], que l'amiral Jean de Vienne tenait investie depuis plusieurs mois sans la pouvoir prendre. Il eut probablement pour mission spéciale de protéger l'armée de siège en gardant le pays d'alentour et surveillant la Bretagne. Il fallait en effet empêcher l'ennemi de secourir la place. Catterton, gouverneur de la forteresse, comptait que Jean de Montfort viendrait le délivrer. Aussi résistait-il avec une héroïque opiniâtreté à tous les efforts des Français. Quoique Jean de Vienne, avec ses machines et ses canons [2],

1. A quelques lieues au sud de Valognes.
2. On employait déjà les canons en France depuis près de quarante ans. Il semble ressortir de certains documents du temps que Jean de Vienne en fit fabriquer plusieurs d'un calibre extraordinaire pour le siège de Saint-Sauveur.

ne lui laissât de repos ni jour ni nuit, il fit encore
plusieurs mois bonne contenance. A la fin, il tomba
malade. Une énorme pierre lancée par les assiégeants
faillit le tuer dans son lit. Aussi, le 21 mai, entra-t-il
en accommodement avec l'amiral; mais il demanda
40 000 francs pour évacuer la place, et encore ne
promit-il de la rendre que si le duc de Bretagne ne
venait le secourir avant le 3 juillet. Il avait donc encore devant lui six semaines. C'était plus qu'il ne fallait au duc pour le dégager.

Jean de Montfort était retourné en Angleterre vers
la fin de 1374. On l'avait vu ensuite à Calais. Quand
les négociateurs partirent pour Bruges, il trembla
d'être sacrifié par ses alliés. Il alla donc implorer de
nouveau l'assistance d'Edouard III, qui lui fournit
deux mille hommes d'armes, quatre cents archers et
des vaisseaux. Accompagné du comte de Cambridge,
fils d'Edouard, il vint en mars descendre avec sa
troupe dans son duché, où il eut d'abord quelques
succès. Du Guesclin, craignant qu'il ne poussât jusqu'au Cotentin, se rapprocha sans doute à cette
époque de la Bretagne, ou tout au moins détacha
vers ce pays son frère d'armes Clisson, qui se mit
en observation à Lamballe [1] avec une forte troupe.
Mais Montfort ne fit rien pour délivrer Saint-Sauveur.
Il demeura obstinément devant Saint-Brieuc, qu'il
ne pouvait prendre.

Clisson crut dès lors devoir se relâcher de sa
surveillance et courir un peu le pays. Ayant appris
que le routier Jean d'Evreux se tenait près de Quimperlé [1], dans un fort qu'il avait construit et d'où il

---

1. Entre Dinan et Saint-Brieuc (Côtes-du-Nord).
2. Entre Lorient et Quimper-Corentin (Finistère).

terrifiait la population à plusieurs lieues à la ronde, le lieutenant de du Guesclin marcha rapidement contre lui avec deux cents lances et le bloqua. Il ne le resserra pourtant pas si bien que ce capitaine ne pût informer de sa position le duc de Bretagne. Montfort tressaillit de joie à cette nouvelle. Clisson était l'homme qu'il haïssait le plus au monde. Il s'était bien promis de ne lui pas faire grâce s'il parvenait à le prendre. « Tôt, à cheval! » s'écria-t-il. Et aussitôt, sans plus penser au siège de Saint-Brieuc, il entraîna toute son armée vers l'endroit où il espérait surprendre son ennemi. Peu s'en fallut, en effet, qu'il ne réussît. Clisson n'eut que le temps de sauter à cheval avec sa petite troupe et de se réfugier à Quimperlé. Il y fut aussitôt étroitement assiégé. Vainement fit-il proposer au duc une capitulation honorable. Montfort voulait qu'il se rendît à merci et dissimulait peu l'intention de le faire périr, lui et ses compagnons Beaumanoir, Rohan, Laval et Rochefort. En désespoir de cause, les assiégés promirent de se livrer sans condition s'ils n'étaient secourus dans l'espace de quinze jours. Ils dépêchèrent alors vers Paris un courrier qui informa Charles V de la situation critique où ils se trouvaient. Le roi, qui voulait à tout prix sauver ces braves chevaliers, envoya sur l'heure aux négociateurs français qui se tenaient en Flandre l'ordre de signer immédiatement la trêve, dussent ses intérêts en souffrir. Ils la signèrent et, grâce aux relais établis sur la route, cinq jours suffirent pour en apporter la nouvelle de Bruges à Quimperlé. Le duc de Bretagne vit avec fureur sa vengeance lui échapper. « Maudite soit l'heure, dit-il, où je m'accordai à donner trêves à mes ennemis! » Mais il lui fallut bien se soumettre au traité. C'est

ainsi que Clisson et ses compagnons furent sauvés.
Tel est du moins le récit de Froissart.

Le même chroniqueur raconte que la trêve (signée
le 27 juin) n'empêcha pas les Français d'exiger le
3 juillet la reddition de Saint-Sauveur, qui n'avait
pas été secouru. Du Guesclin, d'après lui, prit possession de cette place. Il n'est pas impossible en effet
que le connétable eût, avec le gros de ses troupes,
rejoint Jean de Vienne pour *tenir la journée* conve-
nue, c'est-à-dire pour livrer bataille le 2 juillet au
duc de Bretagne, s'il se présentait devant la ville.
Mais ce n'est là qu'une conjecture, et il faudrait autre
chose que le témoignage unique de Froissart pour
en faire une certitude historique.

CHAPITRE VI

Reprise des hostilités entre la France et l'Angleterre. — Succès du
connétable dans le Périgord, le Bordelais, l'Agenais. — Confiscation des domaines de Charles le Mauvais. — Affaires de Saint-Malo
et de Cherbourg. — Confiscation impolitique de la Bretagne. — Du
Guesclin ne peut soumettre ce duché. — Il devient gouverneur du
Languedoc. — Siège de Châteauneuf-de-Randon. — Derniers mo-
ments et mort du connétable. — Son nom reste populaire.

(1375-1380)

Après la trêve de Bruges on put croire quelque
temps qu'il allait être sérieusement question d'un
accord définitif entre les rois de France et d'Angleterre. Les négociations continuèrent en Flandre;
mais elles traînèrent en longueur et n'eurent pas de
résultat.

Au fond Charles V, qui avait hésité si longtemps à
commencer la guerre, ne voulait pas de la paix. A peine
accorda-t-il des prolongations de trêve qui retar-
dèrent la reprise des hostilités jusqu'au 24 juin 1377.
Il en profita pour compléter ses travaux administra-
tifs et préparer la France à une nouvelle lutte qui
devait être (il l'espérait du moins) décisive. Dès la
fin de 1375 il fit conduire hors du royaume, par le
sire de Coucy, les compagnies de brigands qui s'y
étaient formées pendant les dernières années. Puis
il pourvut longuement à la perception des impôts, à
la réparation des places fortes, à l'organisation des
armées de terre et de mer, qu'il entendait employer

non seulement à délivrer la France, mais à inquiéter l'Angleterre. Il fit construire et arma dans ses ports de Normandie un grand nombre de vaisseaux et, grâce au concours de l'amiral Jean de Vienne et aux leçons des Castillans, constitua une marine puissante. Il voulait venger sur les côtes de la Grande-Bretagne les insultes que nos rivages avaient tant de fois subies, et l'occasion favorable lui semblait devoir se présenter sous peu. Il ne se trompait pas. La fortune tournait décidément le dos à Édouard III. Ce roi, dont la gloire et l'orgueil s'étaient élevés si haut, était maintenant vaincu, ruiné, poursuivi par le malheur jusque dans sa maison. Son fils aîné le prince de Galles, qui languissait depuis si longtemps, mourut au mois de juin 1376, ne laissant qu'un enfant de neuf ans qui fut depuis Richard II. Avec lui, la victoire semblait descendre au tombeau. Le vieux roi, tout perclus et qui sentait, lui aussi, la vie lui échapper, fit bien reconnaître son petit-fils comme son héritier. Mais qu'adviendrait-il lorsque ce prince mineur se trouverait sous la tutelle de ses oncles Lancastre, Cambridge, Buckingham, et que ces frères divisés par l'ambition se disputeraient le gouvernement? Ce moment ne tarda pas à venir, car Édouard, plein des plus tristes pressentiments, mourut à son tour le 21 juin 1377, trois jours avant l'expiration de la trêve.

La France lui fit de sanglantes funérailles, car la guerre recommença tout aussitôt. Charles V se tenait prêt depuis longtemps. Pendant que son allié le roi d'Écosse attaquait l'Angleterre par le nord, Jean de Vienne alla piller et brûler les villes de Lewes, Folkestone, Portsmouth, Darmouth, Plymouth et bien d'autres encore (juillet-août). Le duc de Bourgogne, s'approchant de Calais, s'empara d'Ardres et de plusieurs châteaux avoisinants. Mais ces succès furent surpassés par ceux que du Guesclin remporta dans le même temps en Aquitaine.

La vie du connétable, pendant les deux années de la trêve, a presque entièrement échappé à l'histoire. Au commencement de cette période il soutenait un procès assez grave. En échange de ses domaines d'Espagne, le roi de Castille lui avait cédé un prisonnier de distinction, le comte de Pembroke, dont la rançon, fixée à cent mille livres, avait été garantie par des marchands de Bruges. Mais, le comte étant mort, ceux-ci ne voulaient plus payer. C'est en 1375 que du Guesclin les poursuivait en justice. Depuis cette époque jusqu'à la reprise des hostilités avec l'Angleterre, nous le perdons de vue. Il employa sans doute une partie de ses loisirs à visiter ses domaines, accrus depuis 1373 par de nouvelles libéralités de Charles V. On doit croire qu'il parut aussi fréquemment à Paris. Le roi, dont il avait alors toute la confiance [1], le consulta certainement sur les mesures à prendre avant la réouverture de la guerre. Peut-être le connétable fut-il chargé de lever des troupes dans les provinces et d'inspecter les places fortes. Quoi qu'il en soit, nous le retrouvons au mois de juillet 1377 dans le Languedoc, où, d'accord avec le duc d'Anjou, il s'apprêtait à recouvrer ce qui restait aux Anglais de la principauté d'Aquitaine. Dès ses premiers pas il parut bien que le repos ne lui avait rien fait perdre de son entrain et de sa vigueur.

Les Anglais, depuis 1374, avaient, à ce qu'il semble, regagné un peu de terrain dans le Bordelais. Ils étaient

---

1. Charles V l'avait désigné, en octobre 1374, comme devant faire partie du conseil de tutelle de ses fils.

en outre fortement établis sur la Dordogne, où ils tenaient Libourne, Castillon, Sainte-Foy et Bergerac.
C'est contre cette dernière place, qui commandait la
moitié méridionale du Périgord, que le connétable et
le duc d'Anjou dirigèrent principalement leurs efforts. Elle avait pour gouverneur un chef de bande
fort célèbre, Bertucat d'Albret, qui ne se laissa point
intimider. Plusieurs semaines s'écoulèrent. L'armée
française s'accroissait sans cesse, mais le siège ne
finissait pas. Du Guesclin eut l'idée d'envoyer chercher
à la Réole une de ces machines appelées *truies* qui
servaient à lancer d'énormes pierres et que cent
hommes pouvaient à peine manœuvrer. Il chargea
aussi plusieurs compagnies d'aller fourrager entre la
Dordogne et la Garonne. Presque à égale distance de
ces deux rivières se trouve le village d'Eymet [1],
près duquel la troupe venant de la Réole et la cavalerie détachée se réunirent par hasard. Les deux
bandes furent sauvées par leur rencontre même.
Attaquées séparément, elles eussent sans doute été
détruites. Arrêtées par le sénéchal de Bordeaux Thomas de Felton, qui, se portant sur Bergerac avec
cinq cents hommes d'armes, avait fait halte à Eymet,
elles lui livrèrent un combat sanglant qui tourna
tout à leur avantage. Les Anglais furent entièrement
défaits ; leur chef demeura prisonnier. Il en fut de
même des quatre barons gascons de Mussidan, de
Rosem, de Langoiran et de Duras, qui marchaient
avec eux. Cet engagement imprévu décida du sort
de Bergerac. N'espérant plus recevoir de secours,
puisque Felton était au pouvoir des Français, Bertucat d'Albret consentit à capituler (septembre 1377).

---

1. Entre la Réole et Bergerac (Dordogne).

La fin de la campagne ne fut qu'une suite ininterrompue de succès. Connaissant les bonnes dispositions des habitants en faveur du roi de France et l'impuissance où étaient les Anglais de lui disputer le pays, le connétable envoya de toutes parts des compagnies qui, simultanément, emportèrent un grand nombre de places sur la Dordogne et sur la Garonne. L'expédition se termina en octobre par la prise de Duras [1]. Le seigneur de cette ville, fait prisonnier à Eymet, venait, ainsi que son compagnon Rosem, de fausser la parole qu'il avait donnée au duc d'Anjou de se *tourner Français*. Mis en liberté sans rançon, il était allé immédiatement à Bordeaux pour rentrer au service de l'Angleterre. Aussi le duc avait-il juré de lui prendre son héritage. Les sires de Langoiran et de Mussidan, qui s'étaient aussi engagés envers le roi de France, eurent à cœur de prouver leur loyauté en montant bravement à l'assaut de Duras. La place était bien fortifiée, bien défendue. Les soldats hésitaient. Du Guesclin fut obligé de promettre cinq cents livres à qui y entrerait le premier. Enfin cette malheureuse localité tomba au pouvoir des Français. Presque toute la population fut égorgée. Il n'y eut de sauvé que ce qui put se réfugier dans le château, très forte position qui dominait la ville et dont il fallut faire le siège. Le connétable, craignant que l'opération ne fût longue, était disposé à y renoncer. Mais le duc d'Anjou déclara qu'il ne partirait pas avant d'avoir le château, parce qu'il l'avait juré. « Vous n'en serez pas dédit, » lui dit Bertrand, qui fit aussitôt approcher ses engins des murailles. Du reste, les assiégés, terrifiés par ces pré-

1. Arrondissement de Marmande, département de Lot-et-Garonne.

paratifs, consentirent presque aussitôt à capituler,
et du Guesclin, qui leur en sut gré, demanda et obtint
pour eux grâce de la vie.

L'hiver approchait. La chevauchée fut rompue
au commencement de novembre. Elle avait été
constamment heureuse. En moins de quatre mois
les Français avaient entièrement chassé l'ennemi du
Périgord et de l'Agenais et reconquis une grande
partie du Bordelais. Ils avaient pris cent trente-
quatre villes ou châteaux, et les seules positions de
quelque importance que les Anglais conservassent
en Aquitaine étaient Bordeaux, Bayonne, Dax,
Bazas et Mortagne-sur-Mer.

En attendant de pouvoir les leur reprendre,
Charles V méditait une entreprise non moins utile.
Il songeait en effet à mettre sous sa main les im-
portants domaines que le roi de Navarre possédait
en France et notamment en Normandie. Charles le
Mauvais était si ambitieux, si perfide, si dénué de
tout sens moral, qu'on pouvait craindre à tout instant qu'il n'introduisît les Anglais dans le Cotentin
ou dans le comté d'Evreux. Dès le mois d'août 1377
il leur avait promis Cherbourg pour obtenir leur
appui contre le roi de Castille. Charles V, qui suivait
toujours de très près les menées de ses ennemis,
n'avait pas tardé à l'apprendre. Aussi avait-il resserré son alliance avec Henri de Transtamare et commencé de sérieux préparatifs pour l'occupation des
enclaves navarraises de Normandie. L'hiver venu, il
se concerta avec du Guesclin, réunit à Paris, à Rouen,
les forces qu'exigeait une exécution si grave et fournit à Jean de Vienne des ressources nouvelles pour
protéger notre littoral. Charles le Mauvais, averti,
s'enfonça de plus en plus dans la trahison. Bientôt

on parla du projet qu'il avait d'épouser la princesse Catherine, fille du duc de Lancastre, et d'appeler des garnisons anglaises dans toutes ses places. Un de ses principaux lieutenants, Pierre du Tertre, se mit ostensiblement en état de défense dans le comté d'Evreux. Il touchait de bien près à la rébellion. Le public, qui le croyait capable de tout, l'accusa vers cette époque de desseins plus odieux encore. Très familier avec les poisons, il avait su fort bien se débarrasser, en l'invitant à dîner, du routier Séguin de Badefol, dont il était débiteur. On disait que sa première femme, Jeanne de France, était morte de son fait. Il n'avait pas non plus, croyait-on, épargné son beau-frère Charles V, dont on attribuait l'état maladif à un breuvage malfaisant qu'il lui avait fait prendre dans sa jeunesse. En 1378 le bruit courait qu'il voulait cette fois l'empoisonner tout à fait, et cette opinion n'était pas sans quelque fondement. Mais le roi de France était sur ses gardes, et la partie fut si mal engagée par son ennemi, qu'il n'eut pas beaucoup de peine à la gagner.

Le Navarrais, on ne sait trop dans quelle intention, avait envoyé en France son fils aîné (fév. 1378). Charles V commença par faire arrêter ce jeune prince. Fort peu après, un officier de Charles le Mauvais, nommé Jacques de Rue, fut incarcéré sur quelques indices de complot. On l'interrogea, et dès le début (25 mars) il avoua que le dessein de son maître était, comme on le croyait, d'attenter à la vie du roi. Il n'en fallait pas davantage pour que ce dernier se crût dispensé de tout égard, de tout ménagement envers son beau-frère. Le public indigné demandait des actes de vigueur. Ses vœux et son attente ne furent pas trompés.

Dans le courant d'avril Charles V fit saisir la ville de Montpellier, qui depuis quelques années appartenait au roi de Navarre. Dans le même temps, une puissante armée attaqua tout à la fois le comté d'Évreux et les possessions de Charles le Mauvais dans le Cotentin. Le duc de Bourgogne la commandait nominalement; mais en réalité c'était le connétable qui devait diriger les opérations. Du Guesclin connaissait merveilleusement la Normandie ; et du reste nul n'était plus intéressé que lui, dont les principaux domaines étaient dans cette province, à en écarter les Anglais. On doit donc croire qu'il mit un zèle particulier à remplir sa nouvelle mission. Toutes les places du comté d'Evreux succombèrent successivement en avril et en mai. Dans l'une d'elles (Breteuil) on prit le second fils de Charles le Mauvais et une de ses filles. Dans une autre (Bernay) on captura Pierre du Tertre, qu'on envoya aussitôt à Paris. Ce capitaine, confronté avec Jacques de Rue, ne convint point que son maître eût songé à empoisonner le roi de France, mais reconnut qu'il avait eu dessein d'ouvrir ses domaines aux Anglais. Les deux accusés, déclarés coupables de lèse-majesté, furent décapités publiquement le 21 mai. Le comté d'Évreux fut aussitôt réuni à la couronne. Toutes les places fortes qu'il renfermait furent démantelées, afin qu'elles ne pussent plus servir d'asile aux étrangers, aux brigands et aux ennemis de l'État. Quant au Cotentin, du Guesclin n'avait pas attendu pour l'assaillir que le reste des possessions navarraises fût conquis. Laissant à ses lieutenants le soin de parachever l'occupation du bassin de l'Eure, il s'était porté avec une bonne partie de ses forces vers cette presqu'île, où ses succès furent également très rapides. Mortain et Avranches tombèrent en son pouvoir. Le château de Gavray [1], où était enfermé le trésor de Charles le Mauvais, lui fut livré dans le courant de mai. Pour en obtenir la reddition, le connétable dut avancer quinze mille neuf cents livres de ses propres fonds. Il en fut largement récompensé, car le roi non seulement lui remboursa cette somme, mais lui abandonna tout ce qu'il avait trouvé dans la forteresse, c'est-à-dire plus de quarante-deux mille francs d'or et des pièces de vaisselle d'argent évaluées à quatre mille livres. Nous ne savons au juste si du Guesclin prit part personnellement à tous les sièges que nécessita la confiscation des fiefs navarrais dans le Cotentin. Il est fort probable qu'il ne s'y épargna pas. Ce qu'il y a de certain, c'est qu'au mois de juillet le roi de Navarre, presque entièrement dépouillé, ne possédait plus dans cette région que Cherbourg. Malheureusement cette position maritime, véritable avant-poste de la France, si long-temps convoitée par les Anglais, venait de leur être livrée, et il fut impossible au connétable de la leur reprendre.

Exaspéré par les procédés hostiles du roi de France, Charles le Mauvais avait (en juin) conclu avec Richard une alliance aux termes de laquelle toutes les places dont le roi d'Angleterre pourrait s'emparer en Normandie lui étaient à l'avance cédées en fiefs de la couronne de Navarre. Aussitôt le duc de Lancastre avait fait prendre possession de Cherbourg. Quand du Guesclin voulut y entrer, il était trop tard. La place défiait tout assaut du côté de la terre. Du côté de la mer, Jean de Vienne essaya quelque temps de

1. A 19 kil. S.-S.-O. de Coutances.

la bloquer ; mais il lui fallut bientôt courir ailleurs, protéger le pays de Caux et d'autres rivages. La garnison de Cherbourg fut encore réconfortée par Jean d'Arondel ; le connétable dut se borner à la faire surveiller par une petite armée qui, ayant son quartier général à Valognes, eut pour mission d'empêcher les Anglais de se répandre dans le Cotentin. Un de ses frères, Olivier, qui faisait partie de ce corps d'observation, s'approcha trop de la ville et fut pris par Jean d'Arondel ; mais les Français continuèrent à faire bonne garde.

Pendant qu'une partie de nos troupes était employée au blocus de Cherbourg, le comte de Longueville emmena probablement le reste en Aquitaine. Froissart dit qu'en juillet il fut mandé par le duc d'Anjou, qui s'apprêtait à partir de Toulouse et voulait aller assiéger Bordeaux. Mais à peine eut-il rejoint ce prince (vers le milieu d'août) qu'il reçut du roi l'ordre de regagner le nord-ouest du royaume, où le duc de Lancastre et le comte de Cambridge venaient de débarquer. Il obéit en toute hâte et, pendant que le frère de Charles V, rompant sa chevauchée, rentrait en Languedoc, courut aux marches de Bretagne.

Après de longs débats les princes anglais, renonçant à l'idée de descendre dans le pays de Caux ou à Cherbourg, étaient venus investir la place maritime de Saint-Malo. Fort heureusement cette importante ville était pourvue de vivres pour deux ans, et elle avait pour gouverneur un homme de tête, nommé Morfonace, qui donna le temps au connétable d'arriver à son secours. Du Guesclin, accompagné des ducs de Berry, de Bourgogne et de Bourbon, amena devant la place jusqu'à dix mille hommes d'armes. Le déploiement de forces était tel des deux côtés, qu'il y avait bien sur les champs, dit Froissart, cent mille chevaux. Beaucoup de chevaliers s'attendaient à une grande bataille. Les Anglais la désiraient vivement; mais, fidèle au système de guerre qui lui avait si bien réussi, le roi avait recommandé d'éviter toute action générale. C'est apparemment pour être plus sûr de n'être pas engagé malgré lui que Bertrand mit entre les assiégeants et lui une petite rivière terminée par un bras de mer. Vainement Lancastre et Cambridge le provoquèrent. Il se contenta de les observer et d'arrêter leurs fourrageurs, se réservant de donner avec toutes ses forces le jour où ils tenteraient l'assaut. Mais ils n'en vinrent pas là. Leurs engins de siège n'ayant pu ébranler les murailles de Saint-Malo[1], ils firent creuser une mine qui devait pénétrer jusqu'à l'intérieur de la place. L'ouvrage était presque achevé lorsque Morfonace, profitant de quelque négligence, vint bouleverser la galerie souterraine, où beaucoup de travailleurs furent étouffés. Tout était à recommencer. Les oncles de Richard II n'en eurent pas le courage. L'argent et les vivres commençaient à leur manquer. L'hiver approchait. Ils levèrent honteusement le siège et se rembarquèrent. Grâce à la prudence de du Guesclin, la France avait été délivrée cette fois presque sans effusion de sang.

Le connétable eût voulu compléter ce grand succès par la reprise de Cherbourg, qui depuis trop longtemps était au pouvoir des Anglais. Il ressort d'un *mandement* de Charles V qu'il alla, vers la fin de 1378,

---

1. Ils avaient, dit Froissart, jusqu'à quatre cents canons. Mais c'étaient sans doute de ces canons de très petit calibre, pourvus d'un manche en bois, qui devaient plus tard, grâce à diverses transformations, devenir des arquebuses.

en faire le siège dans toutes les règles. Une flotte
française vint dans le même temps attaquer la place
du côté de la mer. Mais la garnison fit bonne contenance. L'hiver et le manque d'argent interrompirent
cette opération, que du Guesclin ne devait pas avoir
la satisfaction de mener à bonne fin. Les derniers
jours du connétable allaient être attristés par une entreprise toute différente. A la veille de mourir, c'est
contre des Français qu'il allait être appelé à combattre.

Après dix ans de guerre, Charles V, presque constamment secondé par la fortune, ne résista pas assez
à l'enivrement de la victoire. Outre l'Aquitaine et le
comté d'Évreux, il voulut réunir la Bretagne à la
couronne. Les sujets du prince de Galles et de
Charles le Mauvais s'étaient donnés à lui si cordialement que les populations armoricaines, dont l'atta-
chement à la France n'était pas douteux, lui semblaient disposées à suivre cet exemple avec enthousiasme. C'était là une grave erreur, mais dans laquelle
tout autre à sa place fût sans doute tombé.

En droit féodal, Jean de Montfort avait depuis
longtemps *forfait* sa terre, c'est-à-dire qu'ayant fait
alliance avec l'ennemi de son suzerain et l'ayant introduit en armes dans ses places fortes, il avait mérité
de perdre son fief. Après la trêve de Bruges, non
seulement il n'était pas rentré dans le devoir, mais
il avait resserré son union avec l'Angleterre et n'avait
perdu aucune occasion de créer des embarras au roi
de France. Depuis la reprise de la guerre il n'avait
cessé de seconder les oncles de Richard II. Sa ville
de Brest, gardée par les Anglais, était pour eux un
autre Calais. Nul ne fut donc surpris (en juin 1378)
de le voir ajourné pour le 4 septembre suivant devant

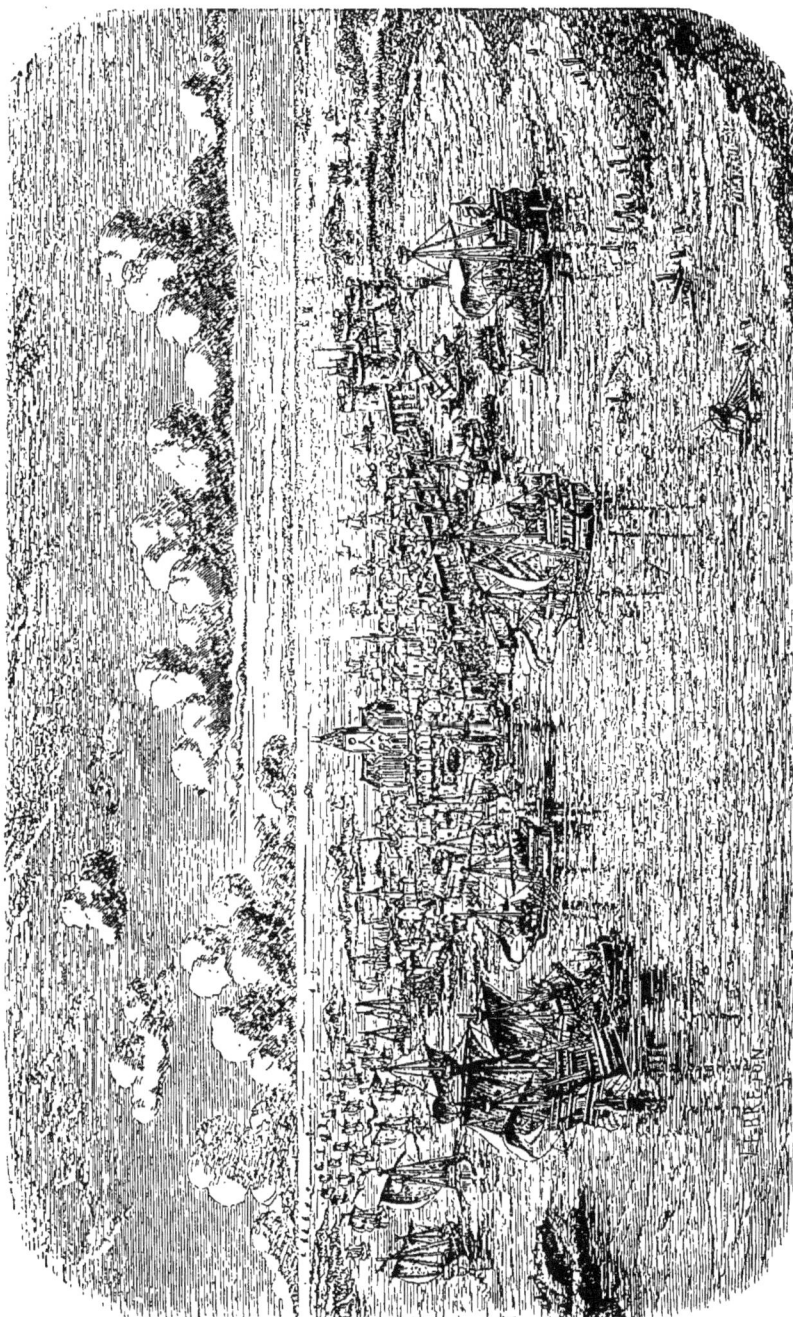

SIÈGE DE SAINT-MALO (1378).

la Cour des Pairs, qui devait lui demander compte de sa félonie. Mais l'arrêt, rendu le 9 décembre par contumace (car le duc ne se présenta pas), étonna la France entière et froissa l'amour-propre provincial des Bretons. A défaut de Montfort et de sa descendance, la reversibilité du duché avait été assurée à la postérité de Charles de Blois par le traité de Guérande. Charles V n'en fit pas moins prononcer, par un tribunal où il n'avait que des amis, la réunion pure et simple de la Bretagne à la couronne, et tout aussitôt il prit ses mesures pour assurer l'exécution de l'arrêt.

Les chefs de la noblesse bretonne furent mandés à Paris et sommés de reconnaître le roi comme seigneur immédiat. Les deux plus illustres, du Guesclin et Clisson, qui depuis longtemps soutenaient sa politique, prêtèrent sans difficulté le serment qu'on exigeait d'eux. Ils croyaient, comme Charles V, que le duché tout entier était disposé à les imiter. Les autres se montrèrent moins dociles. Les Rohan, les Rochefort se soumirent, mais de mauvaise grâce, laissant comprendre qu'il n'approuvaient pas la confiscation et qu'ils pourraient bien ne pas tenir leur parole quand ils se retrouveraient libres sur leurs terres. Le sire de Laval dit franchement au roi qu'il ne s'armerait point contre lui, mais qu'il ne ferait non plus rien de contraire aux intérêts de Jean de Montfort. Beaucoup ne vinrent pas et montrèrent bien par leur abstention à quel point l'autonomie de la Bretagne leur était chère. Quant au peuple, il manifesta dès le premier jour très vivement son opposition. Les villes bretonnes voulaient bien combattre les Anglais et fournir au roi des soldats pour les expulser de toute la France; mais elles s'indignaient à la pensée que leur pays, jusqu'alors presque indépendant, allait être traité comme une province conquise. Tremblant de perdre leurs immunités, leurs libertés locales, elles protestaient à l'avance contre les lourdes contributions et l'administration ferme, mais souvent vexatoire, que Charles V avait établies dans son domaine. Enfin l'arrêt du 9 décembre souleva dans tout le duché une telle réprobation, que le duc de Bourbon et le maréchal de Sancerre, envoyés par le roi pour prendre officiellement possession du pays, n'y purent nulle part faire reconnaître la législation nouvelle.

Charles, un peu surpris mais non inquiet, crut que cette résistance ne tiendrait pas devant quelques démonstrations militaires. Après avoir, pour amadouer les villes bretonnes, confirmé solennellement leurs privilèges, il fit partir pour la Bretagne du Guesclin et Clisson. Il est vrai qu'il ne donna que quelques centaines d'hommes à ces deux capitaines et leur recommanda de se présenter en conciliateurs, d'user surtout de persuasion. Les charger même d'un tel emploi, c'était mettre leur popularité à une épreuve qu'elle ne put supporter. Juste à cette époque (avril 1379), les plus hauts barons du duché se réunissaient à Rennes et formaient une association pour empêcher par les armes l'annexion de leur pays à la couronne. Un héros du combat des Trente [1], le vieux Beaumanoir, qui avait si longtemps et si loyalement servi

---

1. Ce combat épique, un des plus célèbres épisodes de la guerre de Bretagne, eut lieu en 1351 dans la lande de Josselin, entre trente chevaliers français commandés par Robert de Beaumanoir, et trente Anglais ayant pour chef Bramborc. Les Français demeurèrent vainqueurs. C'est pendant cette lutte que, Beaumanoir blessé ayant demandé à boire, un de ses compagnons lui cria: « Bois ton sang, Beaumanoir, la soif te passera. »

la France, se mit à la tête de cette ligue. La plupart
des villes lui promirent leur concours. Elles tinrent
parole. Quand le connétable se présenta devant
Rennes, il trouva les portes fermées. Clisson, qui
voulut entrer à Nantes, ne fut pas plus heureux. Bertrand, suspecté par ses compatriotes, accusé même
de trahison, vit bientôt ses soldats, qui pour la plupart étaient Bretons, l'abandonner pour faire cause
commune avec Beaumanoir. Aussi, après trois mois
d'efforts infructueux pour établir dans la presqu'île
l'autorité du roi, ne put-il même pas empêcher le
débarquement de Jean de Montfort, qui pourtant
n'amenait que quatre cents hommes.

Le duc, fort au courant de ce qui se passait en
Bretagne, avait hésité longtemps à passer la mer.
Appelé par les villes et les seigneurs qui lui faisaient
jadis le plus d'opposition, il craignait un piège. Mais
deux chevaliers députés par la province lui ayant
apporté des engagements écrits, Robert Knolles,
qui se tenait auprès de lui, finit par le décider à
quitter l'Angleterre. Après avoir promis par traité
son alliance, ou plutôt son obéissance à Richard II,
il partit au commencement d'août, déjoua la vigilance d'une flotte franco-castillane qui avait pour
mission de l'arrêter et parvint à l'embouchure de la
Rance. En remontant ce cours d'eau il atteignit Dinan, qui se rendit à lui. Il somma aussitôt toute la
noblesse du duché (à l'exception de du Guesclin et de
Clisson) de venir le rejoindre. Elle accourut presque
entière, et dès le 20 août Montfort, populaire maintenant parce qu'il représentait la patrie bretonne,
entra dans Rennes au milieu d'un enthousiasme extraordinaire. Toute la presqu'île célébra son retour
comme un triomphe national. Les Français ne purent

se maintenir dans l'intérieur du pays. Clisson, appuyé par les Castillans, fut rudement repoussé de Guérande, et le connétable découragé dut se retirer vers Pontorson, c'est-à-dire s'avouer vaincu.

Aux yeux de ce grand capitaine, qui mieux que personne connaissait l'entêtement breton, la partie engagée par Charles V était irrévocablement perdue. Le meilleur parti à prendre était à ses yeux de s'accommoder avec Jean de Montfort en le détachant de l'alliance anglaise. C'était l'avis des seigneurs les plus sages du duché. C'était aussi celui du duc d'Anjou, qui, la mauvaise saison venue, fut chargé par le roi d'ouvrir des négociations avec les rebelles. Une trêve fut conclue en octobre; mais on ne put s'entendre sur les conditions de la paix. Le duc de Bretagne proposait de soumettre la querelle à l'arbitrage du comte de Flandre, qui lui était tout dévoué. Charles V s'y refusait. Ces vains pourparlers durèrent presque tout l'hiver. La guerre recommença au printemps; mais cette fois le connétable s'abstint d'y prendre part. Il avait pu se convaincre par lui-même que ses compatriotes ne céderaient pas. S'obstiner à les dompter, c'était vouloir une guerre d'extermination que réprouvait sa grande âme. La perte de sa popularité dans le pays même où sa gloire avait pris naissance et la défection de ses anciens compagnons d'armes l'avaient profondément affligé. Sous cette impression douloureuse ses forces commençaient à décliner. L'aigle, comme il disait tristement au roi, ne pouvait plus voler. Il lui tardait d'être délivré d'une mission pénible qui ne pouvait être couronnée de succès. Doit-on croire, comme on l'a souvent répété, qu'il devint à cette époque suspect à Charles V? D'après cette tradition le roi, craignant sans doute

que la famille de Laval, dans laquelle Bertrand avait
pris femme, n'acquît sur lui trop d'ascendant et ne
lui fît oublier ses devoirs, lui aurait témoigné quelque défiance. Le loyal serviteur aurait répondu à
d'injurieux soupçons en renvoyant à son maître l'é-
pée de connétable ; mais ce dernier l'aurait fait sup-
plier de la reprendre par les ducs d'Anjou et de Bourbon. Quelques-uns ajoutent qu'il ne se réconcilia
pas avec le roi et que la mort seule l'empêcha d'aller, comme il le voulait, reprendre du service en
Castille. Tout cela n'est guère soutenable. Sans doute
Charles V dut s'apercevoir que du Guesclin ne combattait qu'à regret ses compatriotes ; mais rien ne
prouve qu'il lui ait jamais retiré sa confiance. Aucun
document n'établit comme certaine la prétendue dé-
mission du héros breton. Il remplissait encore les
fonctions de connétable quand il mourut, et fort peu
auparavant il avait reçu des marques éclatantes de la
faveur royale. Il est donc probable que l'amitié de
Charles V pour du Guesclin ne fut pas un instant
troublée, et qu'en le rappelant de Bretagne ce prince
voulut non l'offenser, mais le tirer délicatement d'une
position fausse et pénible.

Ce qu'il y a de certain, c'est que le comte de Longueville ne rentra pas même pour un jour dans la
vie privée. Vers la fin de février 1380 il était encore
à Pontorson, où il s'occupait des affaires de Bretagne.
En mars il prit part, avec Clisson et l'amiral Jean de
Vienne, à une grande expédition contre les îles anglo-
normandes. Il se rendit ensuite en Normandie ; puis,
mandé à Paris par le roi, il fut investi le 8 mai du
gouvernement du Languedoc. On sait que sous ce
nom l'on désignait alors toute la partie de la France
située au sud de la Dordogne. C'était presque un tiers

du royaume que Charles V lui donnait à régir et à pacifier. Une pareille mission n'était point évidemment une marque de disgrâce.

Le duc d'Anjou, prince violent et avide, était depuis longtemps détesté dans tout le Languedoc. Ses continuelles exactions avaient réduit le peuple à la misère et au désespoir. La guerre contre les Anglais et la nécessité de réprimer le brigandage lui fournissaient d'éternels prétextes pour imposer aux communautés du Midi de nouvelles contributions. Si l'on refusait, il livrait le pays à ses gens de guerre. Il ne respectait guère mieux les personnes que les biens. De là un mécontentement qui, à partir de 1378, se manifesta dans diverses parties de son gouvernement, mais particulièrement à Montpellier. Une violente émeute éclata dans cette ville à la fin d'octobre 1379. Plusieurs officiers du duc furent massacrés. Mais sa vengeance ne se fit pas longtemps attendre. En janvier 1380, le frère de Charles V entra menaçant à Montpellier et parla tout d'abord de faire décapiter, pendre ou brûler six cents bourgeois. Il finit par en rabattre; mais la cité, terrifiée, perdit ses privilèges et dut payer une amende énorme. Le mécontentement populaire en devint plus vif. En avril tout le Languedoc semblait sûr le point de prendre feu. Pour prévenir l'explosion, Charles V ne pouvait trouver rien de mieux que le remplacement du duc d'Anjou par du Guesclin. Autant, en effet, le prince était haï, autant le connétable était aimé des petites gens dont il avait toujours été le protecteur.

Le nouveau gouverneur se rendit probablement à Toulouse dès le mois de mai. Puis il s'occupa de pacifier et de rassurer les campagnes qui, grâce à la négligence de son prédécesseur, étaient plus que jamais en proie aux brigands. Des compagnies qui prétendaient servir l'Angleterre, mais qui en réalité ne *travaillaient* que pour elles-mêmes, s'étaient depuis quelque temps jetées dans le Limousin, l'Auvergne, le Gévaudan, le Rouergue. Il n'y avait plus, grâce à elles, aucune sécurité dans ce pays montagneux où d'inexpugnables châteaux leur servaient à la fois d'asiles et de postes d'observation. De rusés bandits, comme Geoffroy Tête-Noire au Mont-Ventadour ou Aimerigot Marcel à Aloyse, s'emparaient d'un fort par surprise et de là étendaient leur calamiteuse domination à plusieurs lieues à la ronde. Il était temps de mettre un terme à ces désordres. Du Guesclin, qui avait fait jadis une si rude guerre aux brigands, était moins que jamais disposé à les ménager. La mort, malheureusement, n'allait pas lui permettre d'en débarrasser l'Auvergne comme il en avait autrefois délivré la Normandie.

Il assiégeait depuis quelques jours la petite place de Châteauneuf-de-Randon, située entre Mende et le Puy[1], lorsqu'une grave maladie l'atteignit et le força de prendre le lit. Son état devint bientôt si alarmant, qu'on ne douta plus autour de lui de sa fin prochaine. Convaincu qu'il n'en réchapperait pas, le connétable dicta son testament (9 juillet) et s'occupa de l'autre vie. Mais le soin de ses biens et de son salut ne lui fit point oublier la guerre. Le siège qu'il avait entrepris ne fut pas abandonné. Le maréchal de Sancerre alla même, par son ordre, signifier aux défenseurs de Châteauneuf qu'ils seraient tous égorgés s'ils ne se rendaient pas avant l'assaut. Leur chef demanda pourquoi du Guesclin n'était pas venu en per-

---

1. Département de la Lozère.

ILS DÉPOSÈRENT LES CLEFS SUR SON CERCUEIL

sonne leur faire sommation ; à quoi le maréchal, répondit qu'il avait juré de ne plus leur parler. Le trouvère Cuvelier raconte que les assiégés, terrifiés consentirent presque aussitôt à capituler et qu'ils vinrent remettre au connétable, alors mourant, les clefs de la forteresse. Suivant un autre récit, plus répandu mais moins probable, ils avaient fixé un jour pour la reddition de la place ; le jour venu, ils trouvèrent du Guesclin mort, mais ne tinrent pas pas moins leur parole et déposèrent les clefs sur son cercueil. Ce qu'il y a de certain, c'est que Bertrand cessa de vivre le 13 juillet 1380, fort peu après ou fort peu avant la capitulation de Châteauneuf. Sur le point d'expirer, il prit, dit-on, cette épée de connétable qu'il avait si noblement portée et chargea le maréchal de Sancerre de la remettre à Charles V. Selon certains auteurs, c'est à son fidèle frère d'armes, Olivier de Clisson, qu'il donna cette commission. Il invita ensuite tous les assistants à prier pour lui et surtout à servir loyalement le roi. Ce furent, d'après Cuvelier, les dernières paroles de ce soldat sans peur, de ce sujet sans reproche dont la vie n'avait été qu'un continuel combat pour son souverain et pour sa patrie.

Il n'avait que soixante ans. Il mourait au comble des honneurs et de la gloire. Mais il partait trop tôt pour la France, qu'il eût sans doute entièrement délivrée des brigands et des Anglais, s'il eût vécu quelques années de plus. Il fut d'autant plus regretté que Charles V le suivit de très près dans la tombe. Le 16 septembre 1380, deux mois à peine après du Guesclin, le sage roi qui avait tant fait avec lui pour reconstituer la France mourait à son tour, léguant à un enfant son œuvre inachevée. Cet enfant ce fut

Charles VI, la folie couronnée, déchaînant aux quatre coins de notre pays la guerre civile et l'invasion. Le mal que Jean II nous avait fait, Charles V l'avait aux trois quarts réparé. Ce prince avait tiré le royaume de l'abîme. Son fils devait l'y replonger. La France avait été frappée de démembrement en 1360; elle devait être menacée de mort en 1420. Le grand connétable qui l'avait vengée du traité de Brétigny l'eût préservée sans doute du traité de Troyes, s'il eût pu compléter son œuvre en pacifiant quelques provinces et reprenant aux Anglais quelques places fortes. La destinée ne lui permit pas de terminer cette libération du territoire national qui avait été le rêve de toute sa vie. Calais et Bordeaux, portes du royaume, laissèrent encore longtemps passer l'ennemi. Les paysans de France pleurèrent bien des années le vengeur bienfaisant qui ne pouvait plus ni les sauver ni les défendre. Jeanne Darc vint enfin, portant à nos ancêtres l'indépendance et la sécurité. Mais elle ne leur fit pas oublier du Guesclin. Charles V avait décerné à ce grand homme un honneur tout royal. Il avait ordonné qu'on ensevelît à Saint-Denis, au pied de son propre tombeau, le vainqueur de Cocherel et de Pontvalain. Les révolutions ont passé, les restes du connétable ont été dispersés. Mais le peuple a gardé pieusement le souvenir du héros breton. Dans nos départements de l'ouest, du centre, du sud-ouest, il n'est peut-être pas un village où les enfants ne sachent son nom. Partout on recherche, on croit saisir les traces de sa gloire; et dans bien des endroits, lorsqu'on trouve en terre des amas d'ossements, on dit : « Ce sont les soldats de du-Guesclin.

FIN

TABLE DES GRAVURES

FIN DE LA TABLE DES GRAVURES

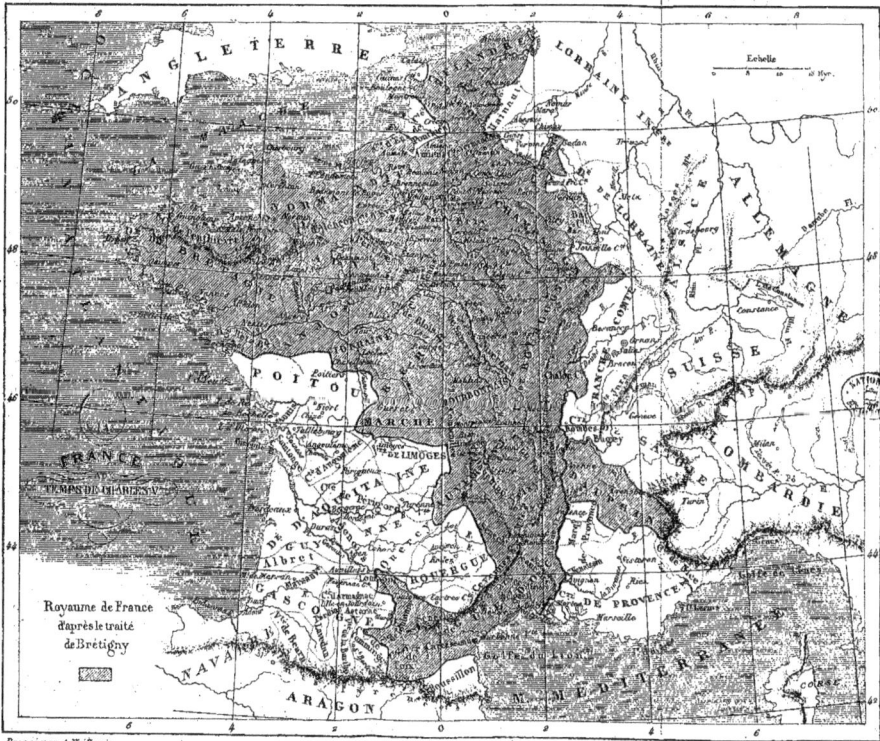

Royaume de France
d'après le traité
de Brétigny

TABLE DES MATIÈRES

FIN DE LA TABLE DES MATIÈRES

PARIS. — IMPRIMERIE ÉMILE MARTINET, RUE MIGNON, 2.

PARIS. — IMPRIMERIE ÉMILE MARTINET, RUE MIGNON, 2.

www.ingramcontent.com/pod-product-compliance
Lightning Source LLC
Chambersburg PA
CBHW070359090426

42733CB00009B/1471